菊池涼介 丸佳浩
メッセージBOOK

コンビスペシャル

―キクマル魂《だましい》―

菊池涼介
丸 佳浩 著

廣済堂出版

日本

asics
mazda

Carp
9
Maru
asics

33
mazda

Carp
9
Hiroshima

がんばろう！
日本
MARU
9

がんばろう！
日本
KIKUCHI
33

Carp
9
asics

Hiroshima
33

Hiroshima
33
Hiroshima
9

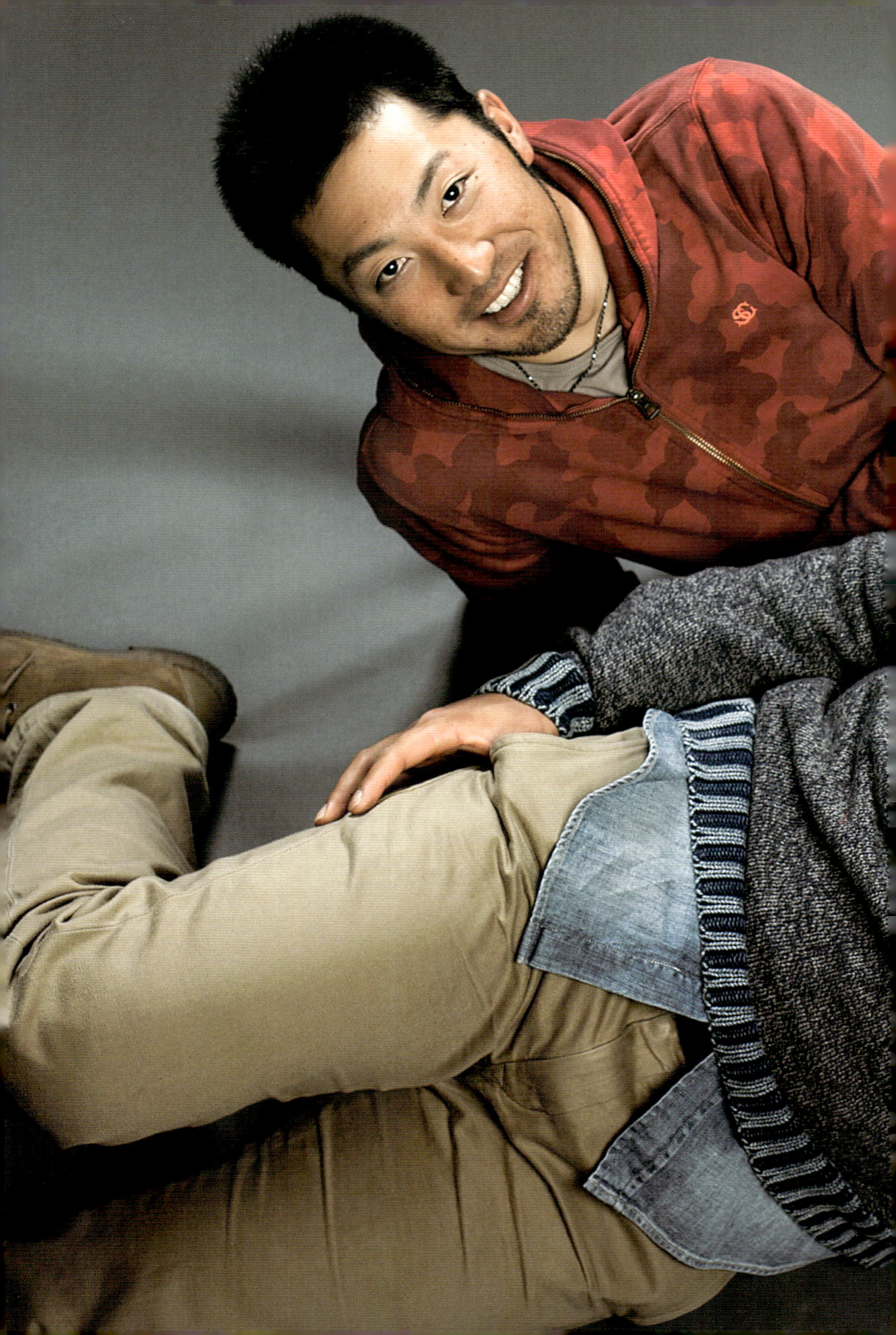

hummel
Character since 1923

mazda
9

RYOSUKE KIKUCHI YOSHIHIRO MARU
MESSAGE BOOK

菊池涼介
丸 佳浩
メッセージBOOK

コンビスペシャル

——キクマル魂《だましい》——

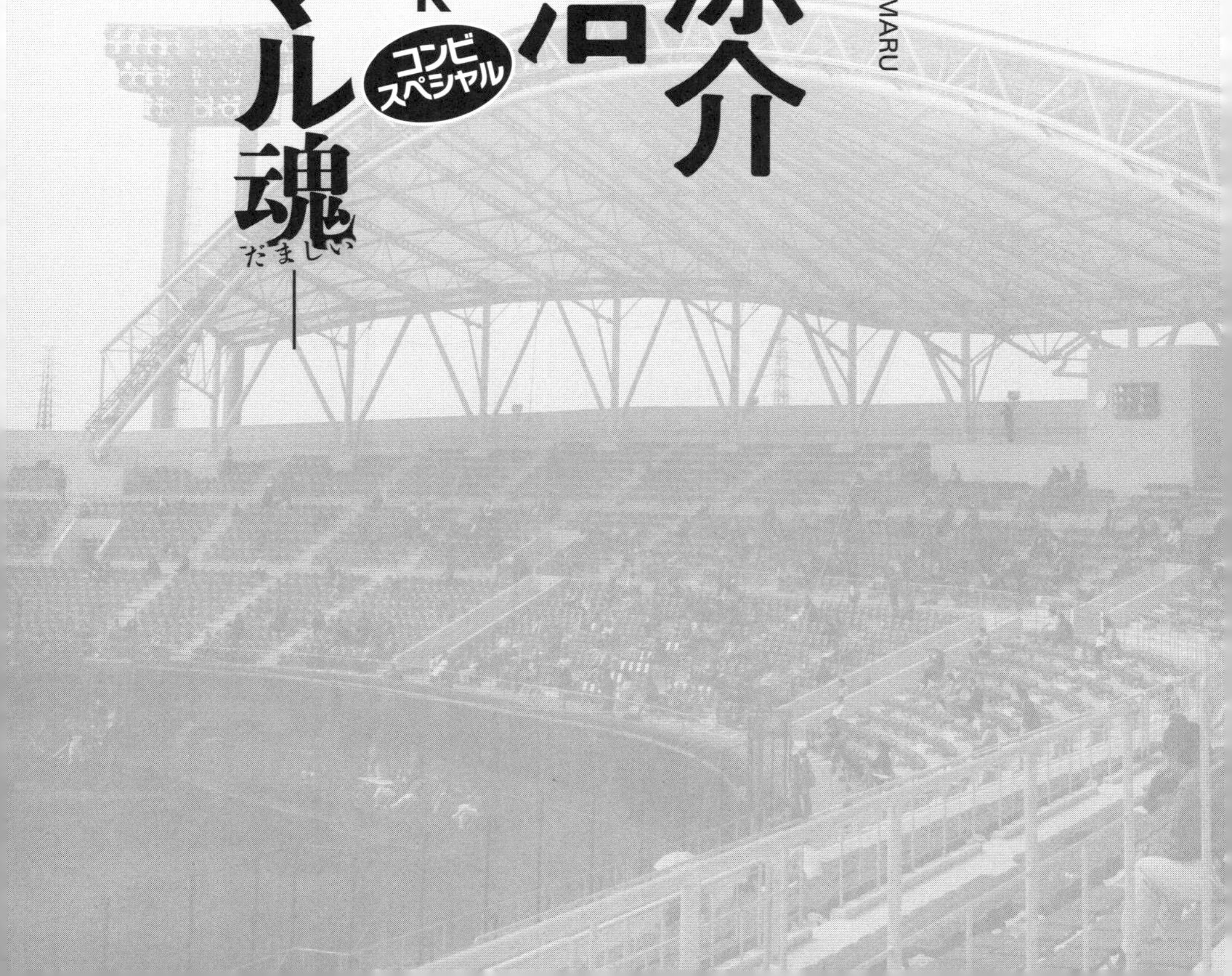

まえがき

丸　本を出すという話を聞いたとき、最初どう思った？

菊池　「えっ、本ですか⁉」という感じ。丸は？

丸　キクと2人か……、あまり華がないなって（笑）。

菊池　いや、いや。「今、いちばん勢いのあるコンビとしてお願いします」って言われたよ。

丸　もう勢いが衰えているんじゃない？（笑）

菊池　そんなことないだろう（笑）。でも、2人で良かったよ。俺1人じゃどうしていいかわからないもん。

丸　俺も1人だったら、ヤバかった。一緒で良かったな。

菊池　同い年で「キクマル」というコンビで呼ばれることも多い俺らだけど、この本は2人をもっと知ってもらえる絶好のチャンスになるよ。

丸　野球のプレーはもちろん、普段もキクと一緒にいることで、より力が発揮されるというか、1+1が4にも、5にもなるようなコンビ力というのがあるよな。

菊池　そうそう、先輩をイジるときとかも5倍、10倍どころじゃない力を出す（笑）。

丸　「キク×マル＝∞（無限大）」のような感じだね。そんな大きなパワーを生めるのは、野球でもそれ以外でも、2人連携して一生懸命前向きな気持ちでやっているからかな。

菊池　最後まで手を抜かずあきらめない、強い情熱を持って。「キクマル魂《だましい》」みたいな？

丸　そう、魂、スピリット！　でも、2人ともスター街道を歩んできたわけではないけど、こうして注目してもらって、本の出版の話をいただけるのは本当にありがたいよね。包み隠さず、もう全部、さらけ出す覚悟だよ！

菊池　ハハハッ。出すしかないな、これは。

丸　本当のキクの姿を！（笑）

菊池　俺の暴露かい！（笑）

丸　キクは○○したり、△△したり、××したこともあったな。

菊池　××だけはやめてくれ！……って、俺、バラされて困るようなことなんてないぞ！　そもそも常にオープンなんだから。

丸　でも、俺たち仲間は知っているけど、ファンのみなさんは知らないこともあるよ。

菊池　それを言うなら、丸のほうこそ魅力が伝わりきっていないと思うな。丸は試合とか、ファンの前に出ているときは少しおとなしそうに見えるかもしれないけど、実はかなり面白いぞと。みなさん、ちょっとからんであげてください（笑）。

丸　ハハハハッ。

菊池　「丸ちゃ～ん」とかっていっぱい声をかけてほしいです。裏ではすごいですよ～。

丸　俺はわからないけど、カープの選手はみんな、そうだよね。愉快な仲間たち？

菊池　みんなとの裏話もバラしていこうかな～。俺は表も裏も変わらないけど。

丸　いや、いや、「裏菊池」もいるって。悪い意味じゃなくてな。なにも考えていなそうだけど、実はそんなことはない。

菊池　確かに俺って毎日、笑って、なにも考えていないんだろうなと思われがちなんだけど、いちおう、1試合1試合、必死にやっています！

丸　おっ、ちょっとメッセージっぽいかな。

菊池　いいんだよ、「メッセージBOOK」なんだから。だけど、俺たちが本を通して伝えられることってなにがあるんだろう？

丸　俺は野球センスがない。なにかを言われてすぐにできる器用さもない。練習でやってきたこと、それまでに経験してきたことをある程度、型にハメて体現するしかない。そんな俺でもプロ野球選手になれた。緒方（孝市）さん（野手総合コーチ）からも「おまえは不器用だから、最初はできんかもしれんけど、つかんだときはそこまでにかけた時間の分だけ体にしっかり染みついているから忘れにくい」と言ってもらっているんだけど、子どものころからずっとそうやってコツコツと積み上げてきた。そういうことを感じ取ってもらって、なにかの役に立ててもらえたらいいかな。

菊池 うわぁ～、ちゃんと用意してきてるじゃん！

丸 当然だろ（笑）。

菊池 抜け駆け禁止！　俺は、なんだろう……。生い立ちからここまでの秘話だけでなく、写真も満載で、2人の魅力がこれでもかってくらいに詰まっています！

丸 それはメッセージじゃないな。

菊池 オ～ッ、考えるからもう少し待って（汗）。

丸 もう行数が少なくなってきたな。

菊池 「あとがき」までに考えておきます。とりあえず、買ってくれた人はありがとうございます。本屋さんで迷っている人はレジへ急いでください!!（笑）

菊池涼介　丸佳浩

M A R U

目次
Contents

K I K U

第1章 誕生

KIKU／MARU

菊池涼介／丸 佳浩

KIKUMARU

菊池涼介 Side

孤独

「あれっ？　菊池？　えっ‼」

2011年のプロ野球ドラフト会議。広島東洋カープが2位で僕を指名してくれたとき、とにかく驚きました。プロの球団から調査書は届いていましたが、本当に指名されるかなんてわかりません。不安から前日はあまり寝られなかったほどです。当日も順位は5位でも6位でも何位でもいいから、とにかく「菊池」と読み上げてくれと心の中で願うばかりでした。

それがいきなり2位！　授業中にボケッとしていて、先生に「菊池！」って指された感じでした（笑）。

プロに行けるならばどこの球団でもいいと考えていましたが、早くからずっと熱心に、しかも遠いところから足を運んでもらっていたのが松本奉文《ともふみ》スカウトでしたから、カープに決まったことは二重の喜びでした。

通っていた中京学院大学は岐阜県にあったので、テレビのプロ野球中継は中日ドラゴンズ戦ばかり。カープのイメージはそんなに細かく持っていたわけではありませんでした。マエケン（前田健太）さんがいるなとか、栗原健太さんがいるなとか、主力選手を知っているくらいでした。あと、地元が僕と一緒の江藤智《あきら》さんがかつていたなとか。

でも、若い選手を育てていくのがうまいということは聞いていましたし、野手出身監督のほうがしっかり見てくれるんじゃないかなと考えていたので、野村謙二郎監督が指揮を執《と》られているという面でもいい球団に入れたと思えました。

ただし、2位指名というのはプレッシャーでしたね。中京学院大学は東京六大学野球連盟や東都大学野球連盟の大学のようにレベルは高くありませんし、練習量だって少ない。自信なんてまったくありませんでした。

大卒だから、最初からやれて当たり前という見られ方をしたらどうしよう。1年目から期待にこたえないといけない。そんな重圧を感じながら12年の春季キャンプに向かったことを覚えています。

扉を開いたプロ野球のレベルはすべてが衝撃でした。練習の質と量、先輩たちの技術の高さ、体の強さ。自分のメニューをこなすだけで精一杯でしたし、プロの世界はそういうものなんだろうなと勝手に思い込んでいたので、誰かと会話をするということもほとんどありませんでした。一緒に入った同学年の（野村）祐輔や土生《はぶ》（翔平）と少ししゃべるくらい。でも祐輔はピッチャーですし、土生も外野手なので、練習メニューが違う。本当に1人しかいない感覚でした。

「孤独だな」

そんなふうにすら感じていました。孤独がいやだとかではなかったですし、周囲の方も気をつかってくれていたと思うのですが、それくらいまわりが見えていませんでした。「無名選手なんだから、とにかく必死にやって首脳陣にアピールしなきゃ。認めてもらわなきゃ」と無意識のうちに力が入ってしまっていたんだと思います。本当にしんどかったですね。

体に痛みが出ていたのでオーバーワークになりかけていることもわかっていましたが、「痛い」とは言いたくなかった。高校のときも「痛い」と言ったことはなかったですし、やりながら治せばいいと自分に言い聞かせてやっていました。

しかし、ついに体が悲鳴を上げて、一軍キャンプを離脱することになりました。

「やってしまった」

気持ちばかりが先行して、いきなりつまずきました。僕らしいと言えば、僕らしいですけど。

でも、故障していなくても二軍に行くことは時間の問題だったと思います。プロのピッチャーの球に対応できませんでしたし、高度なサインプレーも覚えられませんでしたから。それまで高度な守備のシフトとかもやってこなかったので、動き方もわからなかった。セカンドはとくに覚えることが多い。本当に1からという状態でした。守備だけでなく攻撃のサインも、最初はわけがわからなかった。もう頭の中はグチャグチャでした。頭が良くないので（笑）。

そういうことも二軍にいるときにプレーしながら覚えていきましたから、必要な期間だったと思います。最初は二軍のピッチャーの球でも、「速い！　キレがすごい！　これは打てねぇな」と感じました。やっぱりプロは甘くないなと。

毎日、必死で監督、コーチに言われることをやりながら、きっかけをつかめたらいいなと、なにかをさがしながら練習する日々。正直、「1年間はずっとファームでやるんだろうな」と思っていました。

必死

それが、まさかでした。6月の終わりに一軍から呼ばれました。

「えっ‼ 俺⁉」

本当にそんな感じで、まったく予期せぬ初昇格でした。初出場は6月30日、マツダスタジアムでの横浜DeNAベイスターズ戦。代打で起用してもらったのですが、ファームの試合とは違って観客の声援も多いし、応援団もたくさんいるし、雰囲気に圧倒されました。ピッチャーは藤井秀悟さん。「とりあえず、初球からバットを振っていこう」と思っていたんですけど、初球、カットボールのような球がど真ん中に来たのにバットを振れませんでした。「うわぁ〜、やっちまった」って。緊張で全然、体が動きませんでした。それで次の球にあわてて手を出して、セカンドフライ。普段はそんなに緊張するタイプではないんですけどね。

でも、翌日の同じく横浜DeNA戦でのスタメン出場はさらに緊張しました。言われたときは「いきなりスタメン⁉ どうしよう」みたいな。開き直って「今、自分ができることを出せたらいいな」と思って臨むしかありませんでした。

ピッチャーは山本省吾さんで、1打席目は空振り三振。「まぁ、こんなもんでしょ」と。続く2打席目、アウトコースの真っ直ぐだったかな、バットを振ったら当たってくれて、たまたまライトフェンスに直撃。自分の感覚では三塁まで行けると思ったので、必死で走りました。ベンチに帰ったら、「もうちょっとでホームランやったで」と言われたんですけど、全然、頭に入ってこなくて、「はい。もうちょっとでホームランだったんですか。へぇ〜」と、他人事みたいな空返事《から》しかできませんでした。もういっぱい、いっぱいでした。スタンドに入るかもとかではなく、打った瞬間、「走らなきゃ！」しかなかったですね。

その2日後の7月3日の阪神タイガース戦では、二塁ランナーのときにバッターの振り逃げで一気にホームに生還して、それが決勝点に。試合後、記者の方からいろいろ聞かれたのですが、どう答えていいかわかりませんでした。二軍のホームグラウンドである由宇《ゆう》球場（山口県岩国市）もキャッチャーの後ろが広くて、「キャッチャーが後ろに逸《そ》らしたら2つ行ける」ということは教わっていたんです。それが頭にあって、そのときの松山・坊っちゃんスタジアムもキャッチャー後方が広いことを試合前に確認していたので、ちょっとどうかなとは思ったのですが、三塁コーチャーの緒方孝市さん（野手総合コーチ）の「行け、行け！」という声にも押されて突っ込みました。

今ならこうやってちゃんと説明できるのですけど、当時は取材への受け答えにまで頭が回りませんでした。それくらい必死でした。

打順は2番が多くて、バントも25個記録しました。でも、高校ではやっていたものの、実は大学ではバントどころか、僕のときは「打て」のサインしか出なかった。ですから自信はなかったですし、春季キャンプのときも「こんな速《は》ぇぇ球でバント練習しているのかよ⁉」と驚いていましたからね。そこもなんとか役割を果たそうと懸命にやっているだけでした。安部（友裕《ともひろ》）と僕の併用という形で出してもらっていたので、ずっと出たいという気持ちもありましたけど、やっぱり足りない部分がすごくあったと思います。本当に、毎日、毎日、必死でした。

そんな中で生まれた8月21日の横浜DeNA戦での初ホームランは、すごくうれしかったです。ホームランバッターではないですし、ギリギリでフェンスを越えたんですけど、相手はハマの番長・三浦大輔さん。インコースのストレート系の球だったと思います。記念の一発をすごいピッチャーから打てて、より思い出深いものになりました。

でも、次の打席はインコースのシュートできっちりバットを折られましたけど（笑）。初ホームランを打ったバットで、「さすがにホームランは出ないだろうけど、これでまたヒットが打てればいいな。いい流れでいきたいな」と思っていたんです。でも、あれだけ勝ち星を挙げているピッチャーはやっぱり違います。そのすごさを記念バットの粉砕をもって知りました（泣）。

結局、1年目は一軍で63試合に出させてもらい、打率は2割2分9厘で4盗塁。満足のいく数字ではありませんが、大きな経験になりました。2年目を迎えるにあたり、ファームでしかやっていない選手よりも一軍を知っているという裏づけは自信へと変わりましたから。

また、もっと足を生かさないといけない、バントのサインが出ることも多いのでしっかりやらないといけないといった、自分の課題も明確にできました。1年目よりやれる手ごたえはありました。

2年目の13年は開幕戦からスタメンで起用してもらい、ずっと使っていただきました。でも、1年間を通してのシーズンは未知の世界で、どれだけの疲労と戦うのか、どこで疲れの山場が来るのかというのもわからなかった。だからこそ、毎日、必死でプレーしました。しかし、シーズン序盤は「やらなければいけない」という思いが空回り。ポロポロ、ポロポロ、エラーをして、ふがいなかったです。

でも、オールスター休みが終わったあたりから少し落ち着いてプレーできるようになりました。なにかを変えたとかではないんですけど、数日間、試合から離れたことでリフレッシュできた。それまでは本当にあせっていたというか、使ってもらっている以上、結果を残さなきゃというのが強くあって、かえって動きを悪くしてしまっていた。いい意味で力を抜くことができるようになったんです。

ただ、セカンドでの年間捕殺数528個の日本プロ野球記録、50犠打の球団記録を樹立することはできましたが、初めてフルに働いたシーズンを振り返ると、生意気ですけど「あんまりだったな」というのが率直な自己評価です。捕殺数は、エラーだったり、いろいろとピッチャーやチームに迷惑をかけた中で使ってくれた野村監督、打ち取ってくれたピッチャーのおかげの記録でもあります。僕だけの力ではないんです。バントも、打てないからせめて出されたサインは確実に成功させるという思いでずっと必死でやってきた結果です。

でも、もっと打てるほうがいい。もっとやらないといけない。満足のいくシーズンだったというわけでは決してありませんでした。

KIKUMARU

丸 佳浩 Side

「？」マーク

「本当に指名されるのかな……」

その瞬間を迎えるまでは、本当にドキドキしていました。

最後の分離ドラフトとなった2007年のプロ野球ドラフト会議の「高校生選択会議」。新聞によってはカープが外れ1位で僕を指名するのではといった記事もあったものの、ほかの球団が興味を持っているという情報はなし。スカウトの方は来ていたみたいですが、千葉経済大学附属高校の松本吉啓《よしひろ》監督からはなにも聞かされていなかったので、最初は「カープはあるのかもしれないんだ～」くらいにしか考えていませんでした。

しかし、いざそのドラフトが行われる10月3日が来ると、すごく緊張したことを思い出します。

そのときはワンセグ対応の携帯電話が流行《はや》っていて、授業中にもかかわらず、みんなで携帯電話を出してワンセグをずっと見ていました。先生も気づいていたんですけど、「おまえら、そんなに堂々と見るなよ」と笑って許してくれました。

でも、その年は中田《なかた》翔（北海道日本ハムファイターズ）、由規《よしのり》（東京ヤクルトスワローズ）、唐川侑己《からかわゆうき》（千葉ロッテマリーンズ）という「ビッグ3」がいて、スカウトの不正問題により指名権のなかった埼玉西武ライオンズを除く11球団すべてが、1巡目にその3人のうちの誰かを指名。外れでも僕は指名されず、中継は1巡目だけで終了。

「終わっちゃったじゃん」

そこから全然経過はわからなくなって、ソワソワしながらの授業が終わって校長室で待機していると、CS放送で見ていた奥さんから聞いた松本監督が「カープ3巡目だ。おめでとう！」と指名を教えてくれました。「ヨッシャ〜」というよりも、いまいち信じられずに「本当ですか？」とポカンとしていました。

記者会見が終わって、カープの帽子をかぶって、「本日の主役」と書かれたタスキをかけて、「わっしょい、わっしょい」と胴上げ。自転車で学校から帰るときに、「プロになれたんだな」とは思いましたが、ユニフォームも着ていないのでピンとはきませんでした。入団会見で自分のユニフォームを実際に見て、「オオッ、MARUって入っている！」と、そこで初めて実感がわきました。

カープのイメージは、やっぱり「練習がキツい」でしたが、実際に08年春のキャンプが始まると、想像していたよりもめちゃめちゃキツかった。僕の高校は自主練習がメインだったので、よけいにそう思いました。

最初は自分のことで精一杯で、まわりの先輩の練習を見てすごいとかって驚く余裕もありませんでした。バットも金属から木製に変わっていますし、守備も全然へただったので。しかも18歳から見たら、まわりはオジさんばかりなわけです。いちばん年下なので雑用というか、なにかやることがないかなとさがしたりしていました。

二軍キャンプだったのですが、前田智徳《とものり》さん、嶋重宣《しげのぶ》さん、森笠繁《もりかさ》さんら、テレビで見たことがある人もいて、しばらくは緊張してソワソワしていましたね。

入団前から会ってみたいと思っていた前田さんはしゃべらないイメージを勝手に持っていたんですけど、意外としゃべる方で、普通に会話させてもらっていました。

でも、バッティング練習になったら、すごくキレる。「エッ⁉　コワ～」みたいな。

僕も高校のときに打てなくて落ち込むことはありましたけど、前田さんは声を上げて本気でキレていました。バッティングをやっているときは近づけませんでしたね。

そのバッティングはすごかった。みんなが「お手本」と言いますけど、本当にそうでした。口を半開きにしてずっと見ていました。体格とかはそんなに変わらなかったんですけど、なんでこんなふうに打てるんだろうって。

打球の質が違いました。当時の僕はバットの芯《しん》に当たってビューンという打球が飛んだら、「ヨッシャ」という感じでしたが、前田さんは「カーン」と打って、「うわぁ、打球が速い」と驚いていたら、「チッ。ああっ、も～っ!!」って怒っている。今は前田さんが怒っていた理由がわかりますが、当時の僕は、「なにがダメなの？」とクエスチョンマークが飛びまくっていました。

「俺、こんな世界でやっていけるのかな……」と、そんな感じでした。

目覚め

それでも当時の二軍監督の山崎隆造さんにずっと試合で使っていただいたのが大きかったですね。バッティングは1年目から打率は2割8分8厘と、それなりには打てたんですけど、いかんせん守備と走塁がひどかった。

山崎さんにはよく、「自分はどういう選手になりたくて、どういう道筋で一軍に上がっていくのか常にイメージをしておくように」と言われていました。バッティングで結果を出して、まずは左の代打として一軍に上がるのか。足や守備をアピールして代走や守備要員で入っていくのか。それともトータル的にレベルアップして一軍に昇格したら先発出場させてもらえるような選手になるのか。

僕はレギュラーを狙う形で一軍に行きたいと思っていたので、走攻守すべてで実力をつけることを目指しました。

山崎さんにはバッティングもよく教えていただきました。山崎さんの言う「ピッチャーが投げた球をラインで引っ張ってくる」という、点ではなく線でイメージしてとらえる感覚や、追い込まれたときに無理にフェアゾーンに打とうとせずにファウルで逃げるテクニックなど。僕は野球のセンスがあるほうではないですから、教えてもらったことをコツコツと練習して積み上げていきました。

そして3年目の10年秋に、初めて一軍から声がかかりました。初出場は9月12日の読売ジャイアンツ戦。記念すべき初打席、相手ピッチャーはマーク・クルーンでした。

よく覚えていますね。4点ビハインドの9回表二死ランナーなしでの代打。そういう状況だったので、あまり緊張はしませんでした。ホームランバッターではないんですけど、正直、一発を狙っていました。

ボールが2球続き、「フォアボールというのもなあ」という思いがあって、「次の球は思いきり振ってやれ」と強振しました。ところが、ボール球で空振り。「やべぇ」と思ったんですけど、まだ2ボール1ストライク。「もう1回、思いきり振ろう」と打ちにいったのですが、またもボール球のストレート。引っかけて、あえなくセカンドゴロに終わりました。

その後、代打や代走、守備固めで途中出場させてもらい、初ヒットはプロ5打席目。9月21日のヤクルト戦で、7回表に代打で出場。押本健彦《おしもとたけひこ》さんからレフト前へのヒットでした。ストレートを狙って「1、2の3」で打ちにいったら、フォークが来て、タイミングがドンピシャに合いました（笑）。8回表にも打席が回って、犠飛で初打点もマーク。さらに東出輝裕《ひがしであきひろ》さんとかに「とりあえず、行ってこい！」と言われて、初のお立ち台に。前年のファン感謝デーくらいから言い始めていた「顔のデカい丸です」と、自己紹介させてもらいました。

初ヒットの記念の球は部屋に大事に、と言いたいところですが、なくしました。あまりそういう物に固執しないんですよね。

そうしたら、そのときいた助っ人のジャスティン・ヒューバーが後日の練習でベロッと皮がはがれた球に「初ヒット」って日本語で書いてある球を渡してきたんです。それで、「絶対にこれ、違うやろ！」ってツッコみました。

さらに今度は石井琢朗《たくろう》さん（現守備・走塁コーチ）が、超ボロボロの球に「初ヒット」って書いてあるのを持ってきたので、「これも、違います！」と、そんなやりとりも（笑）。結局、見つかりませんでした。

10月にはスタメンでも出させてもらうなど多くの経験を積めたのですが、そこで感じたのは一軍で結果を出し続けるためには、実力も、考え方も、精神的なタフさも求められるということでした。

そして、もう1つ。「自分の仕事は野球なんだな」ということを、本当の意味で実感しました。

二軍にいるときは高校野球の延長で、なんとなくお金ももらえているという感覚でした。でも、一軍の試合に出てヒットを打つ、打点を稼ぐ、点にからむようなプレーをしたときの球場の盛り上がり方、ファンの方たちの喜んだ様子。それを体感して、「一軍にいたい」と強く思うようになりました。

そのときから比べれば、これっぽっちかもしれませんが、技術は成長した自負がありますし、野球に対する意識も高くなったと思います。

ナイトゲームのときは試合前の練習に先立ってウェイトトレーニングをして、それ以外にも肩、ヒジのケアであったり、ストレッチを行う。試合が終わったらストレッチ、アイシング。やるべきことを、欠かさず、最後まできっちりやる。食事も3、4年目までは食べたいものを食べるだけでしたし、夏場にバテて食べる量が落ちても別に仕方がないかという感じでした。

でも、今はなるべくバランス良く食べようとか、食べられなければその分を補助食品で補おうとか。そういうことの積み重ねが大事なんだと考えられるようになってきたのは琢朗さんだったり、前田さんだったり、素晴らしいお手本となる先輩がいたから。もし、2人の背中を見られなかったら、ケガをしてから気づいていたかもしれません。

本当に出会いに恵まれて、ここまでやってくることができました。

「キクマル」特別対談 前編

キクマルコンビ結成秘話

意外な出会い!?

「センバツで丸の試合を観戦してた」――菊池 × 「そうなの!? 初めて聞いた」――丸

菊池　丸と出会ったのは俺がカープに入ってからだけど、なにか引き寄せられるものがあったし、話すようになったらすぐに打ち解けられたよ。

丸　気がついたときにはもう仲が良くなっていたという感じだよな。最初に会ったときってどうだったっけ？　キクが1年目の2012年の春季キャンプだよね。

菊池　沖縄でね。ただ、そこでは同い年ということを知っているくらいで、内野手と外野手で分かれていたし、まだそんなに話をすることはなかった。俺は入ったばかりで気持ちの部分で全然余裕がなくて、丸に限らず誰ともあまりしゃべることができなかったから。

丸　俺もキャンプインから少しして体調不良で別調整になったし、戻ってきたら今度は入れ替わりでキクがケガで一軍キャンプを離れた。そのままシーズンに入って7月くらいまで一軍にいなかったもんな。

菊池　6月の終わりに初めて一軍に昇格して、そこからパッと仲良くなった。

丸　そこからだね。でも、性格は反対かなぁ。

菊池　どうだろう。似ているところもあれば、似ていないところもたくさんある。でも、俺の性格はムチャクチャだよね？

丸　う〜ん、まぁ、そうかな（笑）。ムチャクチャの部類に入るのかな。

菊池　ムチャクチャの部類だろう。

丸　まぁ……、ムチャクチャやな。

菊池　どこが、どうとかって言葉にするのは難しいけど。

丸　難しい。でも、普通とは違うよね。

菊池　丸はどうかな。

丸　俺は……、ムチャクチャだな（笑）。

菊池　ムチャクチャ！　そういうところが似ているな。

丸　似ていない部分はどこかな。

菊池　野菜を食べないところも一緒。

丸　うん。でも、俺はちょっと食べるようになった。

菊池　俺もちょっと食べているよ。青汁、始めているし！（笑）

丸　でも、魚を一切、食えんもんな。

菊池　はい、食べられないです。

丸　俺らは食べ物に関しては、いろいろと面倒だよね。

菊池　13年の11月に日本代表の試合で台湾に行ったじゃない。あのときはまともに食べられなかった。

丸　ダメだった。全然、口に合わなかったね。国際大会がどういうものかを知るうえではいい経験になったけど。

菊池　やっぱり似た者同士かな？

丸　キクは几帳面《きちょうめん》じゃないでしょ。

菊池　じゃない。

丸　俺も几帳面じゃないな。

菊池　几帳面じゃない、ない（笑）。

丸　キクは神経質でもないよね。

菊池　じゃない。

丸 俺もそう。

菊池 丸は悩むタイプ?

丸 悩まない。

菊池 じゃあ、一緒じゃん。

丸 違うところ見つからないな(笑)。

菊池 やっぱり性格は似ているよ。一緒にいて違和感ないもん。

丸 仲がいいチームメイトもだいたい似ている。

菊池 イジる人も似ているし(笑)。

丸 松山竜平。

菊池 小窪《こくぼ》哲也。

丸 って、おい。2人とも先輩!

菊池 松山先輩の歯の「あれ」は言っても大丈夫でしょ。

丸 すきっ歯ね。大丈夫、大丈夫。

菊池 ホームランを打ってベンチに帰ってきたときなどに、チームみんなでやっている敬礼のポーズに続けてやるやつがあるんだよね。

丸　軽く握った両拳を口の前で合わせて、それぞれ外側に向かって開く（160ページの写真参照）。たぶん、ファンの方たちは意味がわかっていないと思う。

菊池　あれは、松山先輩のすきっ歯を表現しているんだよね（笑）。

丸　で、それをやると、松山先輩に怒られるという流れ。

菊池　そんなことをしても許してくれるんだから、いい先輩だよ。本当にかわいがってもらっていると思う。

丸　俺にとっては松山先輩も小窪先輩も、07年ドラフト入団の同期。それもあって、だいぶ甘えさせてもらっているな。

菊池　そこに俺が割って入っていった感じ？　でも、横取りはしていないからさ。

丸　うん。共存共栄だよ（笑）。

菊池　後輩たちとも仲がいいよね。

丸　でも、まだまだ俺たちもチームの中での年齢は下のほうだからね。シーズンが始まっても一軍にいるのは堂林（翔太）、（今村）猛《たける》、（大瀬良《おおせら》）大地、（九里《くり》）亜蓮《あれん》くらいかな。

菊池　あとはいるとすると（上本《うえもと》）崇司《たかし》。ほかは先輩ばかり。でも、そんな中でも俺たちは存在感を発揮できているよね（笑）。

丸　ハハハッ。幅を利かせているわけじゃないよな。みんな、やることはきちんとやって、ざっくばらんでいいようなところは自由で、という感じ。キャンプ中の全体でやるような練習のときはピシッとやるし、休憩《きゅうけい》時間とか、そういうときにはふざけ合ったりしている。本当にチームみんな仲がいいよね。

菊池　食事に行くときもみんなで一緒ということが多い。

丸　プロ野球選手ってお酒を飲んでいるイメージが強いみたいだけど、うちらは飲みに行くというよりはメシ。

菊池　メシだね。

丸　最近はみんなファンの人が思っているほど飲んだりしない。昔のプロ野球選手のイメージとはだいぶ違うよな。

菊池　全然、違うね。普通のサラリーマンのほうがよっぽど飲んでいると思う。

丸　本当に、そう。

菊池　中にはすごく飲むなと思う先輩もいるけど、俺なんてウーロン茶でじゅうぶん。

丸　キクは食事のときは飲まないよな。

菊池　俺はメシを食いたい！　大学のときは、そういうノリで飲んでいたけど、今は自分から飲むというのはほぼないもん。

丸　俺も最初に乾杯して、ビールを1、2杯飲んで、それで終わり。

菊池　たしなむ程度。そこでグイグイ飲みたいとは思わない。

丸　でも、シーズン中とか、たまに自分から飲みたくなるときがあるよ。

菊池　ある？

丸　ある、ある。飲んでやろうかなっていうときが。

菊池　俺もシーズン中に3回くらいならあるかな。遠征先のホテルの自動販売機があるじゃない。それを見て、「うわ～、今日はちょっと買ってみようかな」とかって。

丸　それ、どんなとき？

菊池　決まったなにかがあるわけじゃない。いきなりパッと目に入って、どうしようかな～って。

丸　そんな感じなの？

菊池　だって、俺、気分が落ちるときないじゃない。悩むときとか、エラーしちゃったとかもあるけど、パッと切り替えるからね。そういう気落ちすることがないから。「やっちゃった。飲んでやる！」とかっていうのはないよ。

丸　俺もそうだな。試合でなにかをやらかしてとかではない。でも、なんか「そろそろ飲んでおかないと」って。

菊池　バランスというかね？

丸　そう。全然飲まないと、体がなんか変なふうになっちゃうんじゃないかって思ってしまう。とくに裏づけも根拠もないんだけど（笑）。

菊池　なんか、わかるな〜。体にアルコールを注入して、血液の流れを良くしてやろうかなみたいな。

丸　ちょっと刺激を入れないといけないかなって。

菊池　たまにそういうときがあるね。でも「飲む！」と言えるくらい飲むのはシーズンオフにやる同い年の会のときくらいかな。

丸　（野村）祐輔がいて。

菊池　安部（友裕）。

丸　土生（翔平）。

菊池　中村憲《けん》。

丸　（田中）広輔《こうすけ》。

菊池　同学年の選手はやっぱりとくに仲がいいよね。

丸　仲いいな。みんなカープに入ってからだよな。

菊池　俺は祐輔と土生は知っていた。

丸　そうなの？

菊池　高校のとき、毎年、広島県の広陵《こうりょう》高校と練習試合をやっていたから。そこでは祐輔とはしゃべる機会はなかったけど、土生はサードをやっていて、俺もサードだったから少し話したことがあった。

丸　土生は広陵が07年の夏の甲子園で準優勝したときのキャプテンだもんな。超有名人だよ。早稲田大学でも、斎藤（佑樹）さん（現北海道日本ハム）の次の主将だからね。

菊池　101代目主将。

丸　俺らは「土生世代」だもんな。

菊池　同い年のやつはみんな「土生世代」って呼んでいる。

丸　そう言うと土生は必ず「エッ!?」となる。あいつはイジられキャラだよね。

菊池　イジりは、あいつが軸（笑）。

丸　土生を中心に置いて、みんなでイジっている（笑）。

菊池　祐輔とは大学の全日本代表選考合宿でちょこっとしゃべった。俺、2年生と4年生のときの2回呼んでもらったんだけど、どちらも祐輔がいて、「高校のとき、試合をやったよね」というくらいの話なんだけど。祐輔も有名人で、当時は近寄りがたい存在だったからね。

丸　広陵のエースで、明治大学でもエース。祐輔もすごいよな。

菊池　丸だってそうだよ。交流はなかったけど、俺は高校のときから丸のことを知っていたよ。07年の春のセンバツで千葉経済大学附属高校は熊本工業高校と2回戦で戦ったでしょ。あの試合、甲子園球場で生で見ていたから。

丸　そうなの⁉　嘘でしょ‼

菊池　本当。遠征かなにかでたまたま大阪に行っていて、甲子園観戦もしたんだ。俺、記憶力も良くなければ、頭も良くないから鮮明に覚えているわけではないけど、丸っていうやつがいたことはしっかりと記憶に刻まれている。あと、熊工（熊本工業高校）の藤村大介（現読売ジャイアンツ）。同い年なのに、すごい選手だなって驚かされたもん。

丸　それは初めて聞いた。

菊池　あのときの丸と、こうして一緒にプレーするとはね。やっぱり引き寄せられたのかな。

コンビプレーの裏側

「ランナーとバッターのときの取り決めはしている」――丸 × 「息を合わせることで、相手もいやがると思う」――菊池

丸　甲子園のときの俺なんてたいしたことなかったと思うよ。それに俺のほうこそ今、キクのプレーに驚かされてばかりだけどね。俺がセンターで、セカンドのキクの後ろを守ることが多いわけだけど、予期せぬことをやってくれるというか、想像もつかないようなことをしてくれるから、見ているこっちは面白いよ。

菊池　面白い？（笑）

丸　外野手をずっとやっていたら、「あっ、外野に抜けてくるな」とか、自分のところに来るとか、来ないとか、ある程度はイメージできる。でも、キクの場合は「あっ、センターに飛んで来たな」と思ったときに、横からピョーンと出てくる。

菊池　ハハハッ（笑）。

丸　「オ～イ」ってなるよ。ファンの人も驚いていると思うけど、俺ら野球をやっている

人間から見てもすごい。今までも、東出（輝裕）さんとか、梵《そよぎ》（英心《えいしん》）さんとか、内野手でうまい人をたくさん見てきたけど、キクはうまい＋メチャメチャ守備範囲が広い。最後まであきらめないで、全力でいくもんね。

菊池　日々全力で、必死にやっているだけだよ。俺は14年シーズンがまだ3年目。丸はいろいろな面で先輩だし、学ぶことばかりだよ。選球眼の良さとか、そういうところは少しでも近づけたらなと思っている。

丸　俺は走塁を見習いたいな。キクはものすごく積極性がある。俺はどちらかというと、無難に無難にで、１００％行けると思ったときは行くけど、これはどうかなというときには一瞬躊躇《ちゅうちょ》してしまうことが結構あるんだよね。そういうときにキクはノンストップで行って、セーフになるもんな。

菊池　そうだね。

丸　そのあたりはどう考えているの。

菊池　俺は打球を見て、相手の野手の捕球体勢とかも見て、「行ける！」と思ったら行っちゃうね。行けると思ったら、コーチが腕を回していなくても絶対に行く。

丸　それで失敗するというのがないよね。

菊池　ないかな。

丸　どうかなと思っても判断良く行ければセーフになることが多いけど、それがなかなか難しい。

菊池　うん。

丸　キクはサードのファウルフライで一塁から二塁にタッチアップしたのもすごかったし、1年目には二塁ランナーでバッターが振り逃げしたときに、一気にホームまで帰ってきたのもあったよね。

菊池　うん。自分が振り逃げをして、二塁まで行ったのもあった。

丸　あったね。全然、迷っていないの？

菊池　振り逃げで二塁まで行ったときは、ボールが自分の後ろで転がっているからずっと見ていられるわけではなかったんだけど、キャッチャーがゆっくり追いかけているのは見えたの。このときは半信半疑だったけど、琢さん（石井琢朗コーチ）が「ゴー、ゴー」って言ってくれて、背中を押してもらった。

丸　俺だったら絶対、無理。

菊池　去年（13年）の盗塁王がなに言ってんだよ！　俺は丸の盗塁技術が欲しいよ。

丸　でも、ヨーイドンで一緒に走ったら、キクのほうが全然、速いんだから。キク、13年の盗塁数いくつだっけ？

菊池　16個。丸は29個でしょ。

丸　あとは出塁する、しないだよ。盗塁は数だからね。打率みたいに上がったり、下がったりするわけじゃない。いかに塁に出られるかが大事になってくる。

菊池　丸は出塁率が高いもんな。13年は打率2割7分3厘で、出塁率は3割7分6厘。1割以上も上がっている。俺は打率2割4分7厘で、出塁率は2割9分7厘にしかなっていない。

丸　ランナー一塁とかで簡単に三振するのではなく、なんとかバットに当てて内野ゴロにしてゲッツー崩れで出塁して、盗塁するということもある。そういうのも大事だと思っている。

菊池　そういうバッティングに関して、俺は「喝！」だったね。

丸　でも、14年はバッティングの成績も良くなっている。

菊池　いつもベンチで丸と、その日のピッチャーについて感じたことを話し合うじゃない。それが好結果に結びつくことがある。

丸　それはお互いさまだよ。バッティングに関しては多少、似ているところもあるかな。打ちに行くときのバットの低さとか。

菊池　でも、右打ちと左打ちだし、タイプとしても同じではないよね。

丸　うん。だからアドバイスをし合ったりというのはないよね。だけど、1番バッターと2番バッター、2番バッターと3番バッターというコンビとして打順がつながることがほとんどで、どちらか一方が塁に出て、もう一方が次のバッターというケースがすごく多い。そういう場面で、塁に出ているほうが走るのか、走らないのかを感じながら早いカウントから打つのをちょっと我慢するとか、しないとか、そういう話はちゃんとしているよね。

菊池　アイコンタクトとまではいかないけど、ランナーのほうが走ったとしてもバッターのほうは打っていいからねとか。

丸　そういう取り決めはしている。

菊池　そこの部分ではお互い遠慮しないようにしている。コンビとしての息を合わせることで、攻撃も効果的になるだろうし、相手もいやがると思う。

丸　「キクマル」であることで、力が倍増される。

菊池　これからもそういうコンビでいたいね。

COLUMN

私が見た「キクマル」の素顔

JUN HIROSE

廣瀬 純 外野手

「キクのヒゲになにかあったら、僕の指示と思ってください。丸は僕の1500円以上するユンケルを、よく飲んでくれます（笑）」

キク、丸に共通して、いいなと思うところを挙げるとすると、まずは現状に対して満足しないこと。僕らプロ野球選手は川の流れの中にいるようなものなんです。まわりはどんどん前に進んでいるので、その場にとどまろう、現状維持では置いていかれるわけです。2人とも、常に上に上に、という意識があると思います。

2013年は丸だけでしたが、14年は揃《そろ》ってオールスターに出場。13年は日本代表の一員としても戦った。そういう経験の中で、自分よりもうまい人や、自分とは違う魅力を持っている人を見て、「ああ、自分もこういうふうになりたいな」とか、実際に自分の目で見て、肌で感じることによって、「もっともっとうまくなりたい」「もっともっと活躍したい」という気持ちがどんどん強くなっていく。今の自分たちのポジションを不動のものにしたいという思いも伝わってきます。

それから切り替えの早さ、うまさだったり、一軍でやっていくためのコツもこの年齢にしてつかんでいるなと感じます。

個別に見ていくと、キクは身体能力が非常に高い。ボディバランス、脚力、そういった部分に関しては、やっぱりすごいなと思います。捕球したあとにいろいろな体勢から送球することができますし、守備範囲も広い。野性味あふれる選手だなと感じますし、まだまだ伸びしろがすごくある。

丸はファームのころから知っていますが、トレーニングも含めて、野球に対して非常に高い意識を持って取り組んでいる選手です。前の日にお酒を多く飲んでも、次の日のウェイトトレーニングは欠かさない。技術に関しても向上心の強い選手だなと思って見ています。丸も足がありますし、守備のほうも本人は「良くない」とかと言っているんですけど、志を高く持って自分でスローイングの不安も克服してきました。

とにかく2人ともまだ若くて伸び盛りですから、うらやましい。年齢はひとまわり近く違いますし、僕はケガが多いので、2人の元気な体、若さが欲しいです（笑）。

素顔の部分をお話しすると、キクは結構オラオラ系。着ている服もちょっとやんちゃな雰囲気で、センスがあるのか、ないのかわからない（笑）。でも愛嬌《あいきょう》があって、有名コーヒーチェーン店が好きでよく行っているんですけど、ファンの方に気づかれるとか、そういうことはなんとも思わないタイプですね。

あのヒゲは僕が「伸ばせ」と言って始めさせたんですけど、調子が悪くなってきたらプレッシャーをかけるために「ヒゲを剃《そ》れ」と言うつもりです。もしキクのヒゲがなくなったら、そのときは僕がなにかを言ったと思ってください（笑）。

僕のあだ名「チャーリー」に続いて「小《こ》チャーリー」なんてあだ名もありますが、ヒゲが濃いということだけなんですけどね。あっ、サル顔も似ていますかね。

丸はああ見えて、ミスをしても「切り替えればいいですよ」みたいな感じでサッパリしたところがありますし、比較的マイペースという印象ですね。ロッカーでは、となりの田中広輔《こうすけ》とよくイジり合っています。それと「勝負師」という肩書きが似合う。麻雀《マージャン》とか、競艇《きょうてい》（ボートレース）とか、勝負事が好き。あとは自分の体の変化を逐一チェックして、やせたらすぐプロテインを飲みますね。本当に体への意識が強く、風邪《かぜ》をひいたら、僕のユンケルを飲みまくる。1本1500円以上するユンケルを、よく飲んでくれますね（笑）。

2人とも負けず嫌いですし、決してエリート街道を歩んできたわけでないので、人一倍、優勝への気持ちは強いと思います。

今後も「キクマル」としてチームを引っ張ってもらいたいですし、ベストナイン、盗塁王など、獲れるタイトル、賞レースをどんどん賑《にぎ》わせて、カープだけでなく、球界を代表するような選手になってもらいたいですね。

ATENZA
33

33

第2章 本能

KIKU／MARU

菊池涼介／丸佳浩

砂浜と図書館

地元（千葉県勝浦市）の子ども会のソフトボールチームに入ったのは小学校3年生のとき。仲のいい友だちが一緒にやろうと声をかけてくれたのがきっかけでした。でも、すんなりと決めたわけではありませんでした。

「『ドンキーコング』をやっていたいから、いやだ」

そう言って一度は誘いをことわってしまいました（笑）。野球に興味がなかったわけではありません。そのときはテレビゲームの『ドンキーコング』のほうが楽しかったんですね。それでも、もう一度「本当にいいの？」と言ってきてくれて、「じゃあ、行くよ」とユニフォームを着ることにしたんです。ですから、その友だちにはいまだに言われますね。「おまえがプロになれたのは、俺のおかげだ」って（笑）。

本能なのか、ソフトボールを始める前から「プロ野球選手になりたい」と口にしていたくらいで、野球は好きでしたし、当時の僕はもしかしたら今以上に意識が高かったかもしれません。まわりにやらされるのではなく、自分からすごく練習していました。ソフトボールは土曜、日曜日だけだったので、平日は小学校のサッカー部で練習して、そのあとにバットを振ったり、海がとても近かったので、砂浜を1人で走っていました。汗が流れ落ちるくらい、ひたすら走っていました。

それだけでなく、図書館に行ったら名球会入りした人たちの人生をマンガにした本を片っ端から借りて読みました。長嶋茂雄さん、王貞治さん、ズラーッと30冊以上あったと思います。福本豊さんの巻には、「短距離は速かったけど、長距離は苦手だった」と書いてあったので、「ああ、やっぱり長距離はいらないんだな」と思ったり。すごいなと思うだけでなく、書かれていることを参考にしたり、考え方を学んだりしました。学校の授業中も机の引き出しに、バッティングの本や、ピッチングの本を入れて、教科書よりもそっちを見ていました。中学校に上がってからは自発的にトレーニングジムにも行き始めましたし、野球の専門誌を読んで、これはやったほうがいいのかな、これもやったほうがいいのかなって。とにかく野球に関することはなにをするのも楽しかったですね。

当時、応援していたのは読売ジャイアンツ。松井秀喜さんがいたときの長嶋監督時代がすごく好きでしたね。父親も大の巨人ファンで、その影響もあったと思います。

２０００年に0対4のビハインドから9回裏に江藤智さんの満塁弾で追いついて、二岡智宏さんがサヨナラアーチを放って優勝した試合を2人でテレビ観戦していて、決まった瞬間、もう興奮して「俺にビールをかけろ！」と言って風呂場で僕にビールをかけさせて「ビールかけ」をしたくらいのG党でした。風呂場がビールくさくなって、母親に激怒されていましたけど（笑）。

そんな父親なので、僕の野球に対しても熱心でした。高橋由伸《よしのぶ》さんが子どものときに長い竹竿を振って練習していたというエピソードを知ると、すぐに小学校の先生に頼んで図工室から4、5メートルの竹竿をもらってきて、僕に「これを振れ！」と言って渡してくれました。また、小学校5年生のときにはチームの監督にもなってくれたのですけど、それはそれで大変でした。僕はキャッチャーをやっていたのですが、父親がノックをして誰かがエラーをすると、となりにいる僕が代わりに怒られたり、バットでコツンと叩かれたり。今考えると「なぜ？」と思うのですが、そのときはそれが当たり前だったので、とくに反発したりはしなかったですね。

父親も高校まで野球をやっていたので体育会系ですし、厳しいと言えば厳しかったと思います。僕もガキ大将というか、やんちゃな子どもだったので、よくいたずらをして怒られました。小学校3年生くらいだったかな？　教室のガラガラと横に開けるドアがあって、その上に小さな窓がついていたんです。ドアと、その窓を開けると、ぶら下がれるんですね。そこで体操選手みたいに懸垂《けんすい》とか、いろいろやっていたら、勢い余ってヒザでガッシャーンとドアの窓をぶち破ってしまった。家に帰ると報告を受けていたんでしょうね。家が理髪店ということもあり、父親に「ここに座れ！」とだけ言われて、ガーッとバリカンで五厘刈りにさせられたのはよく覚えています。

あとは教室でほうきと消しゴムをバットとボール代わりにして野球をやっていて、女の子にぶつけて泣かせてしまい、首根っこをつかまれてその子の家まで一緒に謝りに行ったり。通っていた習字教室の課題をやっていないのに、「やった」と嘘をついたら何度も叩かれました。叱られるときは平手だけでなく、ゲンコツのときもありましたね。2人の妹も、さすがに顔はありませんでしたけど、アニメ『クレヨンしんちゃん』並みの「おしりペンペン」はされていました。

ただ、アホな部分ばかりではなかったんですよ。勉強もそれなりの成績でしたし、体育は常に5段階の「5」。それと音楽とか、家庭科、美術とかが良かった。受験勉強に生かされないようなもののほうが僕は好きでした。音楽は授業でオーケストラのビデオとかを流すんですけど、みんなが寝てしまう中、僕は熱心に聴いていました。そのころからクラシックは好きでしたね。

生活面では学級委員を任せてもらったり、中学校ではなぜか生徒会長もやっていました。人前でしゃべるというのは苦手でしたけど、そのときの経験のおかげでファンのみなさんの前でも臆《おく》せずしゃべることができているのかもしれません。

食べて、寝る

中学校に入ると父親は、「物事の善《よ》し悪《あ》しはもうある程度わかるだろうから、これからは自分の判断と、自己責任で好きなことをしなさい」と、厳しかった小学生時代とは打って変わって放任主義に転換しました。実際、そこからは叩かれるようなことはなかったと思います。ただ、振り返ってみると、僕が悪いことをしたら厳しくしつけられただけで、「もっと野球の練習をしろ」とか、「勉強をしろ」とか言われることはありませんでした。唯一言われていたのが「しっかり食べろ。しっかり寝ろ」でした。

これは子どもたちにまねしてほしくないのですが「勉強はしなくてもいいから、とりあえず食べろ」と、とにかくご飯を食べるように言われて育ってきました。理由は聞いたことがないですけど、季節の変わり目などにはよく風邪《かぜ》をひいたりしていたので、そういうこともあったんでしょうね。でも、食べ物の好き嫌いが激しかったので、本当に米と肉だけみたいな感じでした。魚は今なら食べられますが、小さいときはあまり食べなかったです。生まれ育った勝浦市は漁業が盛んな町だったので、知り合いの方からカツオやイセエビ、アワビ、サザエをもらったりということがよくあったのに、ほとんど食べませんでした。野菜もダメで、最初は食卓にサラダとかも並んでいたんですが、僕が食べないのでいつの間にか出なくなっていました。「野菜も食べなさい」とは言われましたけど、無理に食べさせられたり、怒られたりはしませんでした。偏食なんだけど、量は食べていましたね。今よりも食べていましたから。

とくに朝はよく食べていて、ご飯はどんぶりで3杯とか。あと、お餅《もち》がとても好きだったので、切り餅とかだったら1回の朝食で1パック24個、全部食べていました。それでも足りなかったくらい。物心がついたときからそんな具合でした。

これは現在もそうなんですけど、おなかいっぱいで動けなくなるほど食べないと、罪悪感というか、いけないことをしている気分になってしまうんですよね。

それだけ食べていたので、生まれたときは3578グラムとそこそこ大きいくらいでしたけど、身長はずっと高いほうでしたね。中学生まではいつもいちばん大きかったんじゃないかな。

中学3年生のときに179センチまで伸びて、これだったら高校に入ったら180センチは越えるだろうなと期待していたのですが、そこから2センチ縮んでしまった。今も177センチしかありません。なんでなんでしょうかね。原因は不明です（笑）。

長距離走だけは苦手でしたけど、運動は全般的にできるほうで、足と肩はすごく自信を持っていました。中学校の野球部ではピッチャーとショートをおもにやりましたが、3年生のときには軟球で100メートルくらいは投げられましたし、50メートル走も6秒1とか、6秒2。ただ小学校のときも、中学校のときも、チームは大きな大会では全然、勝てませんでした。のどかな地域で育っていたので、僕も含めて全員、公式戦になると緊張して力を出せない。練習試合なら強い相手でも圧勝するのに、いざ大会になると別のチームになってしまう。

結構、強いチームだったと思うんですけど、みんなでビビッてしまっていました（笑）。

星

僕の父親はひと言で例えるなら、マンガ『巨人の星』の主人公・星飛雄馬の父親の星一徹！　なにか悪いことをすれば鉄拳制裁ということもありましたし、野球に関してはとくに厳しかったですね。5歳上の兄がやっていたこともありますが、僕が小学校2年生くらいで少年野球チームに入ったのも父親の「チームに入れ」がきっかけでした。父親は本当に野球が大好きで、自分も高校までやっていましたから、仕事が休みの日はキャッチボールをしてくれたり、バッティングセンターに連れていってくれたりもしました。試合にもいつも応援に来てくれました。

でも、そこで指導が入るんです。監督、コーチを飛び越えて（笑）。試合中でも「もっとこうだ！」とか、打てなかったりしたら、「こうだ、こうだ！」って身ぶり手ぶりをまじえながら。今、考えたら、うるさいわって感じですけど、言われるがままにやっていました。それでカン、カンと、よく打てていたんですよね。

ですけど、僕がピッチャーで投げているときにバックネット裏からサインを出してくるのはいやでしたね。思いきり投げるストレート、ちょっと力を抜いたストレート、スローボールの3種類なんですけど、1球1球サインを送ってくる。キャッチャーもサインを出すんですけど、先に父親のサインをチラッと確認してからキャッチャーを見て、それじゃない、それ、それ、それって。父親のサインに逆らったらどうなるとか、そういうことはなかったんですけど、それはやかましいと感じていました（笑）。

チーム選びもほぼ独断で決められました。当時、東京の東大和《ひがしやまと》市には小学校が第一から第十まであったんですけど、野球チームは小学校ごとで分けられていました。僕が通っていた第六小学校は「ジュニアフレンズ」というチームで、普通ならそこに入るのですが、入団したのは本来、別の小学校の生徒が入る「ファイヤーコンドルス」というチームでした。

そこはそのとき強かったチームで、僕としては友だちと一緒にやりたかったですけど、父親は少しでもレベルの高いところに入れたかったみたいです。自分が果たせなかったプロ野球選手という夢を子どもに託したい気持ちも少しはあったんでしょうね。

もちろん、だからといって無理矢理入らされたとかではありません。僕も野球が好きでしたから、どこであれ、チームに入れたのはうれしかった。なにせ保育園児のころから家の前でカラーバットを振っていたくらいですからね。野球のことはわかっていないときから、バットとボールで遊んでいるのが楽しかった。動物が好きだったので犬を飼っている近所の父親の知り合いの家によく行っていたんですけど、そのときもバットを持参していたそうです。三輪車に乗って1人で行って、犬のそばで素振りをして自分で納得したら帰る。今でもその人に会うと、いつもその話をされます。

それと、これも自分ではよく覚えていないのですが、コンクリートの上でスライディングを繰り返していたらしいです。それを見て不思議に思った人が僕に「なにをしているの?」と聞いたら、「滑る練習をしている」と答えたとか。土の上でもそんな小さいときにはやらないと思うのですが、本能の赴《おもむ》くままに行動していたんですかね(笑)。

そうしたエピソードは記憶の中から手繰《たぐ》り寄せることができないのですが、1つだけ鮮明に思い出せるものがあります。それが、2歳のときのオレステス・デストラーデ!風邪を引いて病院に行ったとき、球団のものなのか、本人のものなのか、写真集のような本が置いてあったんです。そこに載っていたメガネをかけて西武(現埼玉西武)ライオンズで大活躍した外国人選手の写真は、ものすごいインパクトがありました。当然そのときはなにもわからず、すごい選手だということは、あとになってからわかるんですけど、言葉にはできないなにかに惹《ひ》きつけられました。あの写真は今も脳裏に焼きついていて、僕の中では特別な存在です。

小さいころの憧れということで言えば、江藤智さん。実は実家がすごく近くて、「地元の星」でした。今、江藤さんがカープ時代に背負っていた「33」を使わせてもらっているわけですが、本当にいい番号をいただけたと思っています。よくサインをもらいに行ったりもしていたんです。それも毎年（笑）。自由帳みたいなノートにお願いしていて、本当に失礼だったんですけど、江藤さんはいつもきちんと書いてくれました。

しかも、カープから巨人に移籍した2000年の1月にいつものようにサインをもらいに行ったら、「ジャイアンツ」と書いてあったんです。僕は巨人ファンだったんですけど、巨人に入るということをまだ知らなかったので、「あっ！　巨人に来るんだ!!」って大興奮した記憶があります。

うちは父親もおじいちゃんも大の長嶋茂雄ファン。そのくらいの年代の人たちはやっぱり「4番サード、長嶋茂雄！」なんですよね。兄も巨人ファンでしたし、半強制的というか、僕が巨人を応援するのは必然でした。父親には開幕戦だったり、よく東京ドームに連れていってもらいました。巨人で好きだったのは、仁志敏久さん、清原和博さん、松井秀喜さん、高橋由伸さん、二岡智宏さん。あと、斎藤雅樹さん、桑田真澄さん、槙原寛己さんの3本柱。魅力がありましたね。

移籍

「ファイヤーコンドルス」は小学1、2年生と、3、4年生と、5、6年生の3つのチームに分かれていたんですけど、入って最初のポジションはサードでした。4年生のときから5、6年生のチームで試合にずっと出させてもらうようになり、5年生になるとサードだけでなく、ピッチャー、キャッチャーもやるようになりました。1試合目にピッチャーで投げて、次の試合はキャッチャーだったり、サードだったり。ピッチャーは肩が強いからというより、コントロールが良かったからですね。肩の強さで言えば、同学年に僕より速い球が投げられる子が2人くらいいましたから。

足も小さいときからすごく速かったと思われがちですが、決してそんなことはありませんでした。サッカーをやっている子のほうが速かったですし、運動会のリレーの選手には入っていましたが、毎年ギリギリという感じでした。

僕としてはいちばん良かったのはバッティング。打順は覚えていないですけど、結構打っていたんですよ。「あのころは良かったな〜」って思うくらい（笑）。父親の指導もありましたし、プロのバッターの打ち方をまねするのが好きで、家の前でよく素振りをしていたのも良かったのかもしれません。ピッチャーも楽しかったですし、そうやっていくつかのポジションをやれるのも本当に面白かったですね。いろいろな場所から野球が見られたことは、その先の野球人生にとってもすごくプラスになったと思います。

ただ、僕が6年生になるとチームのメンバーは下級生が多くなり、ちょっと弱くなってしまいました。すると父親がまた動きました。そのときいちばん強かった、第一小学校の「ホワイトマナーズ」というところに移籍することになりました。正直、「エッ⁉ チームを変わるの？」という気持ちもありました。また友だちのいないチームに行くわけですし、不安も少しありました。でも、新しいチームメイトともすぐに打ち解けられましたし、そこに移ったことで関東大会に出られましたし、「ヤナセ選抜」という選抜チームにも呼んでもらって、世界大会にも出場できました。練習は千葉の浦安のほうでやったので、毎日、朝の5時起きとかで参加していたこと、大会の開会式で入場行進した際にいろいろな国の選手がいて「わぁ、すげぇ！」と思ったこと、初戦のメキシコとの試合で負けてしまったものの敗者復活で勝利を味わえたこと。チームとしての成績は決して満足できるものではなかったのですが、すべてがいい経験になりました。父親に感謝ですね。

兄の存在も大きかったです。兄は中学生で野球はやめたんですが、キャッチボールの相手をしてくれましたし、よく面倒を見てもらいました。僕は学校が終われば家にはランドセルを置きに帰るだけで、学校に戻って野球をしたり、いつも友だちと外で遊んでいるタイプでしたが、誰とも遊ぶ約束をしていないときはバッティングセンターに連れていってくれたりもしました。

でも、兄がプロレスにハマっているときは大変でした。いろいろ技をかけられて泣かされました。やっぱり5歳も上だと力がだいぶ違う。ケンカをしても勝てませんからね。プロレスラー・武藤敬司さんのもう1つの顔であるグレート・ムタの「毒霧《どくきり》」という技の練習相手をさせられたこともあったな～。技というか、口にふくんだ液体の「毒」を相手に浴びせるだけなんですけど、兄は毒の代わりに水を口に入れて、「ブーッ」って（笑）。兄とは今も仲が良くて、地元に帰ったときは本当にずっと一緒にいますね。

COLUMN

私が見た「キクマル」の素顔

RYUHEI MATSUYAMA

松山竜平 外野手

「趣味みたいに僕をイジってくるコンビ。でも、2人とも同じ選手としては尊敬できるものを持っています」

年齢は4歳下ですが、仲の良い後輩というよりは友だち感覚ですね。2人とも甘えているのか、からかっているのか、よくイジってきます。

とくに、丸は僕に厳しいです（笑）。同期入団で、1年目のころから一緒に食事に行ったりしていましたが、丸はそのときからすでに今のような感じできていましたし、菊池も入ってきて、僕もあいつも一軍でプレーするようになって仲良くなってからは、ずっと接し方は変わっていません。

先輩への態度じゃないと思う人もいるかもしれませんけど、僕はあまり上下関係というのが好きではないというか、それよりも友だちのような関係でいるほうが楽しいですし、仲良くできる。あの2人だけでなく、僕は後輩にはみんなそういうスタンスなんです。

ただ、2人みたいにグイグイくる後輩はほかにいないですけど（笑）。あいつらはもう、僕をイジるのが趣味みたいな感じですね。

ホームインしてベンチに戻ってきたときに行う敬礼ポーズのあとに、僕の歯のことをジェスチャーで表現したりもしますが、僕はまったく気にしていませんし、むしろそれでチームの雰囲気が良くなるなら、どんどんイジってもらって構わないです。カープは先輩、後輩の敷居がいい意味で低く、選手同士の仲が本当にいい。そういう雰囲気の良さもチームにとってプラスになっていますし、それを作っているのは2人です。

それに2人とも同じ選手として尊敬できるものを持っています。2人を見て、学ばせてもらっているところもあります。反対に2人からも、「どうしたらいいんですか?」と聞いてくることもたまにある。僕はバッティングだけの選手なので、そのことでアドバイスというか、お互いの考えを話したり、聞いたり、意見交換しています。

同じ左の丸とはバッターとしてのタイプが違いますけど、こういうピッチャーに対しては、こんなふうに狙い球を絞っていくとか、そういうことを参考にし合っています。話を聞いていると、あの年齢で、いろいろ考えていて、自分のバッティングを確立できている。本当にすごいなと感心させられます。考えていないようで、結構、考えています(笑)。

それから、2013年の7月26日のヤクルト戦でサヨナラヒットを放った丸は、格好良かったですね。

延長10回の二死一、二塁。打席に向かう前、次の打順の僕に「俺が決めるから回ってこないよ」と、ひと言。それで本当に打って見せたんです。「オオイッ、本当にやりよったな、おまえ」って。よほどの自信があったんでしょうね。

僕も回ってきたら決めてやると準備していましたけど、後輩ながらすごいやつだなと。最初は「なにを言ってるんだ、おまえ」と思っていましたけど（笑）。打ったあとも「言ったやろ」ってドヤ顔されました。

菊池は菊池で、あの身体能力の高さ。目を見張るばかりです。ライトを守っていて、完全にこっちに飛んでくるようなゴロとかを普通に捕ってみせますからね。「オオイッ」みたいな。「おまえ、すげぇな」って何度も驚かされています。あいつはもう人間じゃないです。サルですね（笑）。中身も見たままで、甘えん坊です。

でも、2人とも豪快というか、スケールが大きい。もう立派なチームの顔ですし、ずっと試合に出ていないといけない選手です。

あのコンビの結果次第で、チームの雰囲気も変わってくる。チームの看板であり、柱でもありますね。

がんばろう！
日本
ATENZA
asics

asics
asics
丸
丸

asics

asics
NPB
GOLDSTAGE

asics

Maru
Carp
9

PROFESSIONAL EDGE
Ryosuke.K

Ryosuke 33

Ryosuke
Ryosuke

33
Ryosuke

Carp
33

9
Carp

9

がんばろう!
日本
Carp

101

がんばろう!
日本

33

Maru
MIZUNO
Carp

Carp

Carp
33

Canon
33
Hiroshima

MARU
9

MARU
9

Carp
Carp
Carp
33

Carp
Carp
Carp

Hiroshima
75
Hiroshima
9
Hiroshima
33

Carp
33
MARU
9

MARU
9
KIKUCHI
33

Carp
Carp

がんばろう!
日本
Hiroshima
9
MAZDA
ATENZA
33
33

55
Hiroshima
13

第3章 野球漬け

KIKU／MARU
菊池涼介／丸佳浩

KIKUMARU

菊池涼介Side

「致します」

野球をやっている子どもの誰もが目指すように、僕も早くからプロ野球選手になりたいと思っていたので、中学生のときはプロと同じ硬球でやりたいという理由から「東大和シニア」に入りました。セカンドとして試合に出てはいましたが、目立つ選手ではなかったですし、また身長は155センチ、体重も45キロくらいと体が小さかったこともあり、都内や関東の高校からのいい誘いはありませんでした。近くの高校に一般入学して野球部で頑張ることも考えましたが、シニアの監督のすすめで長野県の武蔵工業大学第二高校（現東京都市大学塩尻高校）を一度、見学することになりました。

そのときの印象は、まぁ～、寒かった（笑）。でも、練習を見てみたらレベルの高さを感じましたし、しっかりとしたチームであることがわかりました。監督の大輪《おおわ》弘之さんは亜細亜《あじあ》大学出身で、練習や指導が厳しいとは聞いていたのですが、「ここでうまくなりたい」と思えました。それから理由がもう1つ。星一徹のもとを離れたいというのもありました。その内訳としては4割が「この学校でやりたい」で、「父親からのがれたい」が6割でしたね（笑）。

高校生ともなると体つきもいいですから、体の大きな先輩たちを見て、この中でやっていけるかなという不安はありました。2学年上には亜細亜大学を経て2009年オフのドラフトで福岡ソフトバンクホークスに入団した中原（当時：下平《しもひら》）恵司さんもいて、その打球の飛距離は圧巻でした。守備はほかにもうまい人がいましたが、バッティングは飛び抜けていましたね。教えてもらうということはなかったものの夏までの数か月、その背中を目で追い、「あんなふうに飛ばしたいな」と憧《あこが》れました。それは体の小さな僕には現実的ではなく、憧れに過ぎなかったのですが。

やはり同じ2つ上の先輩に西木義典さんという方がいました。身長は低いんですけど、すごく元気があって、僕が目指そうと決めたのは西木さんでした。すぐに目標となる人を見つけられたことは幸運でした。

先輩、後輩の上下関係もめちゃくちゃ厳しくて、先輩から言われたことはすべて「はい！」で答える。自分のキャラクターを出すなんてとてもじゃないけどできませんでしたが、父親が厳しくて免疫力がついていたので、そこでとまどったり、家に帰りたいとか、そういうことはありませんでしたね。

最も大変だったのは、やっぱり練習や生活面。しんどかったです。とくに朝練はいやでした。1年生のときはいろいろな役割もあって、食事当番のときだと朝5時半には食堂に行かないといけない。それから練習ですからね。しかも冬はすごく寒い。走って頭から出てきた汗が髪の毛のところでパリッと凍ってしまうほどです。

学校が終わってからの練習も、遅いときは夜の9時くらいまでやりました。練習が終わったら、それで自由というわけではありません。食事当番など分担された仕事をして、寮に帰ったら先輩のユニフォームなどの洗濯《せんたく》。そうこうしていると寝るのは夜中の12時前後になってしまう。しかも授業中にちゃんと起きて先生の話を聞いているかどうかも厳しくチェックされて、寝ているのが見つかると練習に出させてくれなかったので寝られない。睡眠時間はじゅうぶんには取れませんでしたね。1日5時間くらい。1年生のときは自分の時間がほとんどなくて、きつかったです。

大輪さんは大学を卒業してすぐの22歳くらいから、08年に勇退されるまで40年以上監督を務められた方で、礼儀やあいさつ、言葉づかいをきちんとするように指導されました。どんなときも「致します」を使わないといけなかった。「お願いします」ではなく、「お願い致します」。ノックを受けるときも、グラウンドに入るときも「お願い致します」、食事当番で先に帰るときは「お先に失礼致します」とか。食事のときも、例えばマヨネーズを取る際は「失礼致します」で、戻すときは「失礼致しました」を使う。1から全部、教えてもらいました。そうしたことは部内だけでなく、学外でも徹底しました。知らない相手でもすれ違う人には「おはようございます」とあいさつする。学校に行くには国道を横切らないといけなかったのですが、信号がないところで車が停まってくれたら、きちんとお辞儀《じぎ》をして走って渡り、そこで止まってまたお礼を伝える。そうしたことができていないと、「そういうところをおろそかにしているから、野球もダメなんだ！」と叱られる。身だしなみも同様で、眉毛《まゆげ》を剃《そ》るなんて言語道断でした。

野球のことも厳しくて、怒られなかった日はないくらい。ランニングでグラウンドを周回するときは4列に並んで走るんですけど、遠くから見たら1人が走っているかのように、きっちり揃《そろ》っていないといけなかった。崩れているともう1周。何度もダメ出しされると、「またかよ」と思うのですが、「この1周で終わらせるぞ」と強い意志が生まれる。そういう物事1つひとつに対する臨み方を知りましたし、集中力も鍛えられましたね。

試合でもいつも緊張感が漂っていました。負ければ叱られますし、バントでファウルにしてしまったり、見逃してストライクを取られたりすると、「オイッ!!」と怒声が耳に響く。当時、大輪さんはもう60歳を超えていたので、よく頭の血管が切れなかったなと(笑)。でも、本当に熱心で元気でした。僕らが走っていれば、歩きですけど一緒に周回し続ける。監視なのかもしれませんけど。スイングをしているときも、寒い中、ずっと見ている。なかなかできないことだと思います。プロ入り後もよく連絡をくださったり、キャンプに来ていただいたりもするのですが、13年の秋季キャンプでも「野球が好きなことはよくわかるけど、それだけでなく、また1つレベルアップしていかないとな」と初心を思い出させてくれたりと、僕にとって偉大な恩師です。高校時代はほめてもらえたことはないですし、怒られた記憶ばかりですけど、たくさんのことを学ばせてもらいましたね。

遠い場所

入学したときは「絶対に甲子園に行くぞ」という思いもありましたが、それよりも「早くレギュラーになりたい。早く試合に出たい」という気持ちのほうが強かった。甲子園はもちろん特別な場所ではあるんですけど、出場できたとしても試合に出ていなかったらつまらないだろうなと考えていました。

しかし、まずは新しい生活に慣れるのに必死だったので、そのころの野球に関することについては正直よく覚えていません。1年生の夏（05年）もベンチに入れてもらったのですが、野球のことで思い出せるのは1年生の秋からですね。

夏の県大会で負けて新チームが立ち上がったとき、セカンドのレギュラーを勝ち取ったのですが、サードを守っていた仲間がイレギュラーバウンドした打球を目に当ててしまい、恐怖心が抜けないということで入れ替わりました。それを機に、高校ではずっとサードを守るようになりました。

サードに変わって困るようなことはなかったのですが、守備に自信があったというわけでもありませんでした。僕以外にも関西など県外から入ってきた生徒が数多くいたので、「負けたくない」という一心でやっていたことが知らず知らずのうちに成長させてくれていたんだと思います。

もちろん切《せっ》磋《さ》琢《たく》磨《ま》し合える関係ということであって、変に衝突するわけではありませんし、みんなすごく仲も良かった。練習がきつくてやめていった部員も多かったんですが、その分、残った僕らの団結は固かったですね。

秋の公式戦は中信《ちゅうしん》予選会準々決勝で松商学園高校の前に2対3で惜敗したものの、翌春は上田西高校に1対6で敗れましたが県大会決勝まで進出。北信越大会にも出場できました。富山の砺波《となみ》工業高校に延長10回サヨナラ負けを喫し、勝利はつかめませんでしたが、夏に向けたいい経験ができました。僕も3番を任されるようになっていて、2年の夏(06年)は甲子園でのプレーを夢見て優勝を狙っていましたし、可能性も感じていました。

ところが、結果は3回戦で延長10回の末のまさかの敗戦。実はうちの高校は夏の大会に弱いところがあって、過去には春の北信越大会で優勝したこともあるのですが、夏になると「松商学園は夏に強い」とか、「創造学園がいいらしい」とか、「佐久長聖《さくちょうせい》が怖い」とか、名前や評判に負けたり、重圧からいい戦いができないところがありました。11年に後輩たちが重い扉を開いて甲子園初出場を成し遂げてくれたのですが、僕らのときも秋や春はノープレッシャーで実績のある高校を「食ったれや!」という感じで戦えていたものの、夏は「やってやるぞ」と思いながらも力を出しきれませんでした。

でもバッテリー以外は僕ら2年生がずっとレギュラーだったので、大輪さんは僕らの代になったとき、例年以上に期待してくれていたそうです。卒業してからですが、「まとまりもいちばん良かった。それでもうまくいかないんだから、野球は本当に難しいよな」と言っていただいたこともありました。確かにチーム力は県内で上位だったと思います。ただ、ピッチャー陣が手薄でした。2年の秋は県大会1回戦で佐久長聖高校に負けたのですが、スコアは6対9。もう少し投手力があればという気持ちがなかったと言えば嘘になりますが、3年の夏（07年）も勝てなかった理由にはもっと大きなものがありました。

僕らの学校は特待生制度の問題で春の大会を戦うことができませんでしたし、なにより相手が一枚上でした。夏は初戦から完勝続きで、迎えた地球環境高校との4回戦。3回までは3対1とリードしていたのですが、4回裏に4点を奪われて逆転を許すと、その後は打線が沈黙。7回裏、8回裏に1点ずつ加点されて3対7。完敗でした。

中軸のバッターとして結果を残すこともできませんでしたし、とにかく悔しかったですね。涙が止まりませんでした。

これはあとになって知ったのですが、塚原青雲高校（現創造学園高校）を甲子園に導いたあと、地球環境高校の監督に就任した羽《は》鳥《とり》均《ひとし》さんは僕らのデータをかなり集めて、どのコースが弱いとか、相当研究していたそうです。この試合だけは自分のバッティングをさせてもらえなかったのですが、そこには明確な理由があったのでした。甲子園は、遠かったですね。

野球以外の高校生活の思い出と言えば……、悲しいかな、とくに浮かばないです(笑)。工業高校だったので女子生徒は数えるくらいしかいませんでしたから、浮いた話も一切なし。野球部の規則で学校のある塩尻市から出ることが許されていませんでしたから、どこかに出かけたこともありません。塩尻市には僕らが楽しめるような場所はとくにありませんでしたし、本当に寮と学校とグラウンドを行き来する日々。しかも寮はゲーム禁止どころか、テレビもない。毎日、朝が早いので体を休めて、ゆっくりするだけでした。

年に数日、練習が休みになることもありましたが、不定期で急に「明日、オフ」と言われるケースがほとんどだったので、みんなで「どこかに行こうぜ」ということもなかった。音楽を聴いているやつもいれば、ポータブルのDVDプレイヤーを買ってDVDを見ているやつもいた。それぞれですごしていましたね。

僕も外に出たとしても身のまわりの物を買いにちょっと出るくらいで、ほかになにかをした記憶がありません。まさに野球漬けの3年間でした。

KIKUMARU

丸佳浩Side

センスがない

千葉経済大学附属高校に行くと自分の中で決めたのは、中学2年生の夏（2003年）でした。そのころには千葉県の地方大会を見に行くようになっていて、たまたま千葉経済の試合も観戦したんです。2年生主体のチームにもかかわらずベスト8まで勝ち進んで、「強い高校なんだな」と、そこで初めて知ったのですが、練習を見学してグラウンドや練習施設も見て、「ここならとことん野球ができそうだ」と思えましたし、寮があったことも大きかった。僕の中では高校野球＝寮生活というイメージがあって、野球漬けの3年間を送るには欠かせないと考えていたんです。僕が中学3年生の04年夏には、松本吉啓監督の長男である啓二朗《けいじろう》さん（現横浜ＤｅＮＡ）らを擁して甲子園初出場を果たし、2つ勝って、3回戦では東北高校のダルビッシュ有さん（現テキサス・レンジャーズ）と対戦。さすがに厳しいだろうなと勝手に思っていたんですが、大接戦を演じ、

9回二死から追いついて、最後は勝利した。千葉経済に入る気でいたので僕も甲子園まで行って、そのときアルプススタンドから見ていたんですけど、すごく楽しそうに野球をやっている姿も印象的でした。その後もベスト4まで勝ち進んで、「僕もここに入って、甲子園に行きたい」という思いが強くなりました。

気持ちをたかぶらせて入学したのですが、高校野球のレベルの高さに最初のうちは「ヤバい」としか思えませんでした。軟球と硬球の違いにもとまどいました。打球の勢いも弾み方も全然違う。ショートとして入ったんですけど、入部3日目くらいに出してもらった練習試合で、さっそくエラー。次の日の試合でも、またエラー。

「俺、めっちゃ、へたくそだな」

入る前は「1年生からレギュラーになる」と結構自信を持っていたんですが、伸びていた鼻を見事にポッキリと折られました。しかも、松本監督から「おまえ、ピッチャーだけやっていろ」と言われて、わずか数日で内野手をクビになりました。

ピッチャーとしても最初はそれなりに思いどおりに投げられていたんですけど、徐々にどう投げていいかわからなくなっていって、球速も10キロ以上落ちました。技術的な要因もあったんでしょうけど、精神的に追い込まれていました。試合に投げさせてもらっていたかは思い出せません。人間っていやなことは記憶から消してしまうんですかね。

1年生の夏にはレギュラーになっていることを想像していたのに、ピッチャーをやるならエースになっているはずが、現実はまったく違った。すごくあせっていました。そのときはとにかく苦しかった。それしか思い出せない。結局、ピッチャーも1か月持ちませんでした。

そこからキャッチャーもできないということで、外野手になったのは消去法という感じでした。外野手も経験がなかったこともあり、ひどかったですね。普通のフライすらまともに捕れませんでした。硬球は打球がビューッと伸びてくるので、距離感をつかむまで時間がかかりましたね。ある程度、守れるようになるのに1年以上かかったと思います。千葉経済は全体練習が本当に短くて、自主練習が多かったのですが、ひまさえあればひたすらノックを打ってもらっていました。

そんな状態ですから、1年生の夏（05年）は背番号をもらえませんでした。当然、悔しかったです。スタンドで応援しながら、「自分の描いていた人生プランと違うじゃねぇか！」って。もどかしかったですけど、そこであきらめたり、腐ったりはしませんでした。

秋になって新チームが始動すると、練習試合でもずっと使ってもらえるようになり、大会でもベンチ入りメンバーに選ばれました。いざ、高校野球の公式戦に初めて出たときのことは、今でも覚えています。小学生、中学生のときと一緒で、それはそれは緊張しました。中学生まではプレーしたことがない大きな球場で、しかもお客さんの数も多い。本当にすごく疲れました。打席でも息切れしながら立っているような感じ。練習試合ではそんな疲れることはないのに、なぜかわからないですけど、公式戦になると、そんな状態でした。センターで出場していましたが、本来なら自分が捕らないといけない打球を「レフト！ レフト！」って任せて、レフトの先輩も「エッ⁉ 俺じゃないだろう」と捕れずにヒットにしてしまったりもしました。ひどいあがり症で、消極的なプレーばかり。バッティングもあまり結果を残せなかったんじゃないかな。

それでもレギュラーとして試合に出させてもらい、地区予選を勝ち上がって県大会に出て、そこで初めて成田高校の唐川侑己（千葉ロッテ）と対戦しました。唐川はやっぱりコントロールが良かったですね。うちはヒットを10本打ったんですけど、1点も取れずに敗れました。

成田高校はそのまま翌年の春のセンバツにも出場するのですが、僕はライバル意識とかは持たないので、どちらかというと「スゲェー」という感じで見ていました。

試合を重ねるごとに緊張がやわらいでいったと言いたいところですが、そんなことはまったくなくて、最後の試合まで緊張しっぱなしで終わりました。それは克服しなければとは思いましたが、なにかでどうこうできるものではないので、冬場は基礎体力のアップに励みました。走るよりもウェイトトレーニングをよくやりましたね。春になって打球が飛ぶようになったとか、そういうことを考えられる余裕がなかったので、そうした変化はわからないのですけど、体は大きくなりました。

それから野球の勉強ですね。千葉経済では選手は常にメモ帳を持っています。それがないとグラウンドに入れてもらえないんです。監督やコーチに言われたことはメモ帳に書き残して、寮や家に帰って普通のサイズのノートに書き写す。田舎の中学校出身だったので野球の基本もよく知らなくて、少しずつでも覚えていこうと。先輩でも同級生でもまわりにすごい選手がたくさんいて「俺、あんまり野球センスがないな」と思うようになっていたときでもあり、野球ノートをすごく書いていた記憶があります。中学校まではある程度、見よう見まねでできていたんですけど、高校ではそうもいかなくて、「俺は野球のセンスがあるほうではないんだろうな」と悟りました。足は少し速くて、肩も強いほうでしたが、このままではやっていけないという危機感がそう思わせました。

人生が変わる場所

2年生の春（06年）は県大会2回戦で敗れたため夏の大会はノーシードとなったものの、チームは勝利を重ねるごとに勢いがついていきました。勝ち進んでいくと試合がテレビ中継され、「オ〜ッ、俺ら、出ているぞ」みたいな感じになり、どんどん盛り上がっていった。あのときはうまくハマッていましたね。僕はライトで3番バッターを任せてもらいました。大会前までに通算30ホームランを超えていましたけど、1年生のときに二軍戦で打ったものも結構あるので、たいした数字ではありません。松本監督は積極的に振れという教えなので、とりあえず振っておけという感じでした。自信もあまりなかったのですが、大会を通じて打てたほうなのかな。7試合で打率3割8分5厘、ホームラン2本。ただ、松本監督からは「打率じゃない。打点だ」とよく言われていたので、10打点がいちばん良かったと思っています。懸案事項のあがり症も、春まではまだダメだったんですけど、夏は「なんでもこい」という感じで戦えました。やっぱり慣れが大きいと思います。

最も印象に残った試合は決勝、ではなくて習志野高校との準決勝。松本監督はそれまでの監督生活で決勝はすべて勝っていて、絶対に負けないというジンクスがあったんです。準決勝まで来て優勝できないときは決勝ではなく準決勝で負けている。みんなそのことを知らされていて、準決勝の試合前に松本監督から「ちなみに、今日の俺の星座の占いは最下位だ。今日はおまえらで勝ってくれ」と言われ、「よっしゃ、みんなでやってやろうぜ！」と盛り上がったんです。試合は1対1のまま延長戦に突入し、11回裏、僕は先頭バッターとして打席に入りました。なんとか3ベースヒットを打って、無死三塁。続くバッターは4番ですし、普通なら敬遠の場面でした。ですが、習志野高校のエースとうちの4番は中学時代のチームメイトで、バッテリーは逃げずに勝負を選択したんです。熱いですよね！　結果はレフトフェンス手前まで飛んだ大飛球。余裕を持ってタッチアップで生還できたのですが、とりあえずもうヘッドスライディングしちゃいました。

拓殖大学紅陵《こうりょう》高校との決勝はジンクスどおりというか、松本監督の「持っている」が実証されました。9回裏に1点差を追いつかれて、前日に続いての延長戦。10回表はまた僕からの攻撃でした。スライダーを打って、ヒットで出塁。運が回ってきていましたね。その後、二死二、三塁までチャンスを広げ、松本監督は3年生の馬場信寿さんを代打に送りました。馬場さんはもともとセカンドのレギュラーだったんですが、故障の影響でじゅうぶんに動ける状態ではなかった。でも、監督さんはずっと「馬場はなにか持っている」とベンチから外さず、この場面で起用したんです。ポン、ポンと2球で追い込まれてから、馬場さんが打った球はゴロでサードに。「ダメか」と思いながら三塁からホームに走っていたのですが、急に「ワァ〜」と球場全体から歓声が上がりました。「エッ⁉」と思って一塁を見たら、サードが送球した球がフェンスに向かって転がっていました。二塁ランナーも戻ってきて2点の勝ち越し。準決勝、決勝で決勝点のホームを踏んだ。僕も持っていますかね。いや、やっぱり松本監督ですね。

実はこの試合で思い出せるのはここまでで、10回裏の守備も、優勝を決めた瞬間も頭から出てきません。みんなでマウンドに集まってワァーとやったはずなんですけど、すっぽりと記憶から抜け落ちている。祝勝会もまったく覚えていません。感情の針がゲージを振りきってしまったんですかね。アドレナリンが出すぎて、頭の中から飛んでしまったんでしょうね。その先の出来事で次に思い出すのは、夏の甲子園での入場行進。左どなりが神奈川代表の横浜高校で下水流《しもずる》昂《こう》さん（現広島）、福田永将《のぶまさ》さん（現中日ドラゴンズ）、佐藤賢治さん（現北海道日本ハム）、高濱《たかはま》卓也（現千葉ロッテ）など有名選手ばかりですし、体つきがエグい。ユニフォームからポロシャツに着替えると、みんな小さなサイズを着ているみたいにシャツがピッチピチになっていて、もめごとになったら、ひどい目にあわされるだろうなって（笑）。

「甲子園に出たら、人生が変わる」

野球部に入ったときに松本監督に言われた言葉です。そのときは「ああ、そうなんだ」とピンとはこなかったんですけど、実際に試合をしてみたら、初めて「野球が楽しい」と感じられました。野球はずっと大好きで、楽しかったんです。でも、もう1つ上の楽しさというか、本当に楽しいというのはこういうことなんだって。県大会も確かに熱い戦いができましたし、気持ちもすごく入ったんですけど、高校生にとっての甲子園はやっぱり違いました。試合前はみんなで「やった。俺たち全国中継に出られるぜ」なんて軽いことを口にしていたんですけど、試合が始まったら野球が楽しくて、楽しくて、そんなことはどうでも良くなりました。もうムチャムチャ楽しかった。

しかしその一方では、勝負の厳しさ、自分の甘さを痛感させられました。

初戦の相手は沖縄の八重山商工高校で、エースは大会屈指の好投手の大嶺《おおみね》祐太さん（現千葉ロッテ）。ストレートがメッチャ速かったですね。みんな、高めのボール球を振ってしまっていました。「前に飛ぶかな」と思いましたし、なんとかヒットを打てたんですけど、それもストレート狙いで「1、2の3」で振ったらスライダーが来てどんぴしゃで当たったというものでした（笑）。高校時代に対戦したピッチャーではいちばん速かったですね。それでも結構、点を取ることができて、8回を終わって6対4。9回表に一死三塁から犠牲フライで1点差に迫られたんですけど、二死ランナーなし。正直、「ヨシッ」と思いました。僕だけでなく、みんなそう思っていました。油断というか、そういうところですよね。そこから追いつかれて10回に3点取られて負けました。アホみたいに泣きました。宿舎に戻って松本監督がみんなに話をしたのですが、その言葉は胸に突き刺さりました。「3年生は本当によく頑張った。ここまでやれると思っていなかったから本当にうれしい。お疲れ様」と3年生を労《ねぎら》ったあと、「ただ、1、2年生に関しては非常に腹立たしい。試合に負けて泣くくらいなら、なぜ泣かなくてすむようなプレーをしなかったんだ」と。同点に追いつかれたあとの9回裏。僕は先頭バッターだったのですが、松本監督から「変化球は捨てていい」と指示されていました。でも、僕はあせって変化球に手を出してセカンドゴロ。次の回に決勝点を奪われたわけですが、そういうことをやっていたら流れは相手に行ってしまうんです。本当に悔いが残りました。これをきっかけに野球への取り組み方も変わりました。

「キクマル」特別対談

中編

大公開！
2人のオフタイム

釣りとゲーム

「釣具は揃《そろ》えたけど袋から出していない（笑）。プレステ3は遠征用もある」――丸
×
「バス釣りをけっこうやっている。携帯の単純なパズルゲームが好き」――菊池

菊池　俺は甲子園に出られなかったけど、丸は高校2年の夏と3年の春に出ているじゃない。甲子園って、どうだった？

丸　ムチャムチャ楽しかった。2年の夏は初戦で負けて悔しさも残ったけど、絶対にまたここでプレーして楽しみたいと思った。

菊池　やっぱり特別な場所だよね。1度出るのだって簡単なことじゃないのに、2度も出るなんてすごいよね。高卒でプロに行くというのもすごいことだし、俺から見たら丸はエリートだよ。

丸　そんな感じじゃなかったけどね。キクも大学では全日本代表候補の合宿に呼ばれたり、活躍していたんでしょ。

菊池　そんなことない。バイトばかりしていた（笑）。

丸 大学生活はどうだったの？
菊池 最高！ 超楽しかったよ。
丸 俺、大学のキャンパスライフを知らないからな。
菊池 そうだよね。でも、キャンパスライフと言っても、女の子はほとんどいない大学だったから。
丸 でも、俺は大学生活への憧《あこが》れはすごくあったよ。
菊池 行っていない人は憧れるっていうよな。
丸 プロから指名されずに大学に行くとしたら、絶対、卒業はしたいと考えていたから、勉強もメッチャ頑張ろうと思っていたもん。
菊池 俺は勉強、ほとんどやっていない……。でも、その分、楽しんだ！
丸 まぁ俺も、実際に大学に行っていたら遊んで終わったと思う。なにをして遊んでいた？
菊池 自然豊かでまわりに遊ぶところがなにもないようなところだったから、釣りとかよくしていた。でも、そんなにテクニックがあるわけでもないし、いい道具を持っているわけでもなかったから、釣れたのはブルーギルくらい。ブラックバスは本当に小さいのしか釣ったことがなかった。でも、釣りは今でも好きだし、カープに入ってから、

「迎道場《むかえ》」にも弟子入りした。迎（祐一郎）さんは本気で釣りが大好きだよね。

丸　知ってる？　俺、キクの兄弟子だよ。

菊池　知ってるよ。でも入門はしているけど、行かないじゃん。

丸　俺、釣りは全然わからないから、迎さんに「選んでください」ってお願いして釣具屋に一緒に行って、「これが、ええ」って選んでもらった。それで道具を買い揃《そろ》えたんだけど、いまだに袋から出していない（笑）。

菊池　もったいない！　俺も迎さんにお願いして全部、選んでもらって、買って帰ってきた日に全部セットした。「おおお〜っ」って感じだったよ。そういえば「迎道場」には（上本）崇司もいるじゃない。崇司に「道具、使っていないから売ってやるよ」って言ったんでしょ？

丸　トータルで約10万円くらいしたけど、1万円でいいよって。

菊池　それを知って俺、崇司に「俺、2万円で買う。おまえ、どうする？」って茶々を入れてやったの。そうしたら崇司が「2万1000円」って言うから、「俺、2万3000円」って。でも、だいたい10万円くらいするよな。本当に俺も欲しいなという気持ちもありながら、あいつに高値で買わせてやろうかと思って（笑）。

丸　完全にいやがらせだな（笑）。

菊池　ハハハッ。「俺、5万円」とか言って、あいつが6万円とかってなったら、「じゃあ、俺、いいや」って。でも13年はバス釣りを結構やったし、バスプロの人に会っていろいろな話を聞いたりもした。Wiiの釣りのゲームも持っている。

丸　釣りのゲームと言えば、スーパーファミコン時代の『川のぬし釣り2』は面白かった。

菊池　ああ、あれは面白かった。あと、スーパーファミコンで言ったら、『スーパーファミスタ2』。

丸　『ファミスタ』シリーズは面白いね。

菊池　超、面白い。俺、1992年版の「ラ、イ、オ、ネ、ル、ズ、」が大好きなの。デストラーデをモデルにした「ですとれ」とか。

丸　俺、裏技知っている。『スーパーファミスタ4』かな。チーム選択のときにコントローラーのLRボタンを押しながら選ぶと、「裏ナムコスターズ」とか、裏チームが出てくる。

菊池　ああ、あった。何チームかあるんだよね。

丸　足がものすごく速い選手がいたりする。バントして野手が捕るころにはもうセカンドを回っているくらいで、野手がセカンドに送球するとそのまま一気にホームイン。あわてててホームに投げても、間に合わないんだから。

菊池　あんな走力があったらな～（笑）。

丸　キクは今もゲームはちょこちょこやっているの？

菊池　そうでもない。寮にプレイステーション3とWiiはあるけど、ほこりをかぶっている。丸は好きだよね？

丸　ゲームはヤバいよ。

菊池　ヤバい！　庄司（隼人《はやと》）もゲーム好きで、一緒にずっとゲームの話をしているもんね。2人の会話を横で聞いていると、俺なんてポカーンだもん。

丸　いろいろなゲームをやるからね。

菊池　戦闘系とか。

丸　だって、プレイステーション3は家にあるだけでなく、遠征用のも持っているからね。いつも遠征用バッグの中に入れてある。でも、昔のプレイステーションみたいにメモリーカードがないから、同じソフトでも、家のはステージ4まで行っているのに、こっちはまだステージ1だったりする。それが不便で。

菊池　そうか、そうか。でも本当にゲーム好きだよね。

丸　こんな言うと、ゲームばっかりやっているように思われちゃうかな。
菊池　でもまぁ、時間があるときだよね。
丸　時間があいたなってときだけ。
菊池　ちょっと時間があいたなってとき、俺なにしているかな。携帯電話のキャンディーを消していくパズルゲームとか、結構やっちゃうな。
丸　シンプルなやつな。
菊池　単純なんだけど、好きなんだよね。
丸　いや、俺もそういうゲームも、ついやっているよ。

ゴルフの腕前

「丸が幹事のときに自分が63位で、いちばん賞品がいい幹事賞をもらった」――菊池
×
「俺も欲しかったよ。9位だったけど、自分で自分の賞を取りたかった」――丸

菊池　ポータブルのゲーム機は通信機能があって、みんなでやれるから楽しいよね。
丸　みんなが共通してやるのは『みんなのGOLF』ね。

菊池　やる。『みんゴル』はやるね。

丸　大会も開くもんね。

菊池　２０１４年の春の沖縄キャンプのときも、空港からホテルに着くまでバスの中でやったじゃない。覚えてる？

丸　俺は堂林（翔太）と組んで。

菊池　俺は（鈴木）誠也《せいや》ね。

丸　盛り上がったね。あのときはどっちが勝ったんだっけ？

菊池　丸チーム。途中まではいい勝負だったんだけどね。

丸　思い出した。あれはすべて誠也が悪いな。

菊池　誠也はまだ初心者だったからね。そこを俺がカバーしながら。でも、丸はやっぱりうまい。本物のゴルフもじょうずだし。

丸　まだ全然だよ。でも、情熱だけは持っていたかな。

菊池　過去形？

丸　13年のオフは、いろいろと忙しくて行けない日が増えてきたからさ。それまでは結構行っていた。ある年なんか、オフの11月の終わりから1月の上旬くらいまでで20数回ラウンドしたからね。6連チャンでプレーして、1日あいて、3連チャンとか。

菊池 シーズンが終わった瞬間から、いつゴルフに行こうかなっていう感じだもんね。俺もゴルフは好きだし、楽しいけど、へたくそなんだよな～。パーンって打って、フェアウェイなんだけど、となりのコース（泣）。

丸 俺も最初はそんなだったよ。最高スコアはいくつ？

菊池 107。丸は？

丸 1回だけ84を出したことがある。

菊池 うまいよな～。丸が幹事だった13年の球団納会ゴルフ、何位だった？

丸 でも、9位。

菊池 俺、63位!!

丸 63位!? 幹事賞じゃん！

菊池 そう。幹事の背番号の順位が幹事賞だからね。テレビもらったよ。

丸 背番号が変わる前だからね。今なら9位で、俺だったのに。

菊池 あと、iPadもね。使わせていただいております。

丸 俺も欲しかったよ、iPad。自分で自分の賞を取りたかった。

菊池　そろそろだろうなって思っていて、「63位、菊池」って言われたとき、「ヨッシャー！」って。

丸　そうだ。「ウォー！」とかって言ってたもんな。9位もダイソンの掃除機と羽毛布団とニンテンドー3DSでいいんだけど、みんな持っているからさ。

菊池　上位も当然いいんだけど、幹事賞がいちばん、賞品がいいんだよね。最高だった。

丸　幹事賞はヤバいね。

菊池　ヤバいな。

丸　14年、誰だっけ？

菊池　ノミさん（中東直己《なかひがしなおき》）。

丸　背番号00じゃん。00はないから100位になるのかな。めっちゃ、へたくそにやるしかないじゃん。

菊池　パターで何度も叩くしかない。

丸　100位ってだいぶ下だよ。

菊池　13年の俺だってハンデがあったから63位になれたけど、スコアは120くらい。ということは、180くらいで回らないとだめかな。さすがに後ろの組をそんなに待たせるのは気が引けるよ（笑）。

COLUMN

私が見た「キクマル」の素顔

SHOTA DOBAYASHI

堂林翔太 内野手

「丸さんのクラシック好きにはついていけません（笑）。菊池さんは『悩みすぎるなよ』と声をかけてくれることも」

丸さんには1年目からずっとお世話になっています。同じトレーニングジムにも通っているのですが、1年目のときは僕が車の免許を持っていなかったので、「一緒に行くぞ！」と声をかけていただいて、いつも丸さんの車に同乗させてもらっていました。オフなどは毎日のように寮とジムを行き来していて、車の中でいろいろな話も聞かせていただきました。

ああ見えて結構、考えている方なんですよ（笑）。本当に頭のいい方で、野球に対する考え方だったり、理論だったり、自分というものをしっかりと持っている。やっぱりこういう人が一軍でも活躍するんだなと、すごく感じますね。

ただ、とてもためになることを言っていただいたりもしたのですが、丸さんはクラシック音楽がとても好きで、車でも当然のようにそれが流れている。すごく眠気が襲ってくるんですよね。だいたい爆睡でした（笑）。先輩に運転していただいているので、寝てはいけないと頑張っていたのですが、無理でした。

でも、そこで「なに寝てるんだ！」と怒られることもありませんでしたし、なにも言われませんでした。クラシックを聴いていると、心も広くなるんですかね？

クラシックにまつわるウンチクも教えてくれるのですが、もうなにを言っているのか、わけがわかりませんでした（笑）。

まったく知らない曲がかかっているんですけど、「これ、なんだ？」と聞かれるんです。いつも「わかりません」なんですけど、何度も問題を出してくるんですよね。クラシックのクイズはもうやめてください（笑）。

菊池さんも丸さん同様、接しやすい先輩で、話しかけづらいとか、そういうところがまったくありません。性格もみなさんが見ているとおりで、すごく明るいのでいつも周囲を楽しませてくれています。あまり悩まれたりもしないですし、僕は真逆なだけに一緒にいるとこっちも明るくなれますね。菊池さんを見ていると「暗くなっていてもしょうがない！」と思えます。あまりヒットを欲しがりすぎても、結果はなかなか出ないですからね。そういうところは見習いたいです。

それに僕の様子を見て、「悩みすぎるなよ」とか、「もっと楽な気持ちでやるように」と声をかけていただくことも少なくありません。ああいうキャラクターですけど、実はいろいろとチームのことや、選手のことを見てくれているんじゃないかなと思っています。ほめすぎですかね（笑）。

2人ともよく先輩をイジっていますが、僕ら後輩にちょっかいをかけるのも好きで、跳び蹴りをしてきたり、もう学生のノリでワイワイやっています。（上本）崇司さんとか、（鈴木）誠也とか、よくイジられたりもしているのですが、そういう賑《にぎ》やかなところも、このチームのいいところかなと思います。

若い選手がたくさんいて、僕も年齢の近い人が多いのですが、いい競争が生まれていると感じますし、それぞれが刺激し合いながらやれている。その中心にいるのが丸さんと菊池さんですし、2013年からの活躍を見てもわかるように、選手としてもチームの核を担っています。相手から見たらすごくいやらしい選手だと思いますし、チームに欠かすことのできない存在であることは誰の目にも明らかです。

僕も2人に置いていかれないように、頑張ってついていきます！

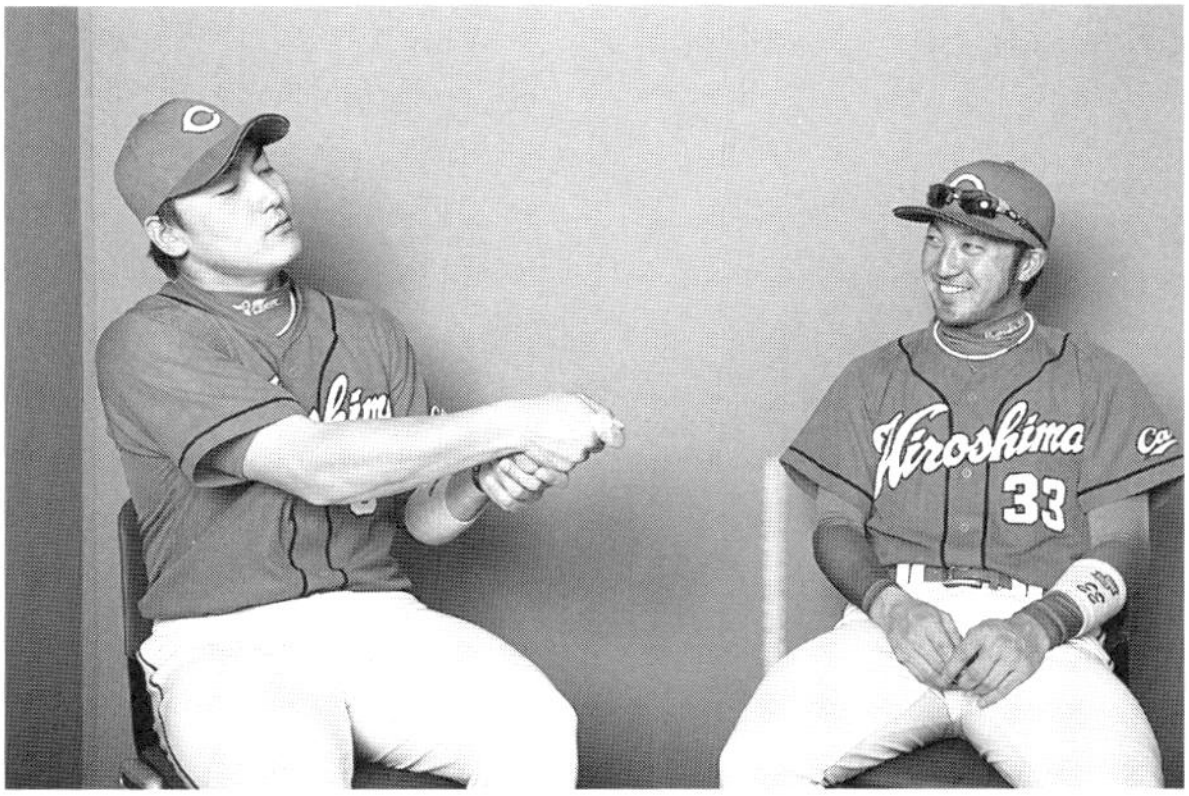
Hiroshima
33

A77
SET A RECORD

9
Carp

33

第4章 プロへ

KIKU／MARU
菊池涼介／丸佳浩

KIKUMARU

丸佳浩 Side

1番

甲子園での悔しい経験を経て、僕らが最上級生の代となった新チーム始動後は、一段高い意識で練習をするようになりました。副キャプテンにも任命され、チームのこともちゃんとやろう、引き締めないといけないぞと、責任感も芽生えました。あまり口がうまくはないのですが、キャプテンになった飯窪宏太が下級生からナメられがちだったので(笑)。

秋も外野手としてスタートしながらも、エースを予定していた1つ下の内藤大樹の調子が上がらず、僕もピッチング練習を始めました。夏も投げたとはいえ、1イニングだけ。ピッチャーをやるなんて考えていませんでした。でも、投げてみると球速が戻って、140キロも出る。外野手として遠投していたおかげか、理由はわかりませんが、またピッチャーもやるようになりました。とはいえ背番号は8。メインは外野手でした。ところが県大会の準決勝、勝ったら翌春のセンバツの切符を争う関東大会に出られるという大事な試合前に、チーム内でウイルス性の胃腸炎が蔓延《まんえん》してしまったんです。メンバーの半数くらいがかかってしまい、その中には内藤も入っていて、同級生の工藤元弘が先発することになったのですが、初回にいきなり3失点。テンパッてしまった。なおも二死一塁で、ランナーが盗塁を仕掛けてきたんですが、一塁手が「走った！」と叫んだらピッチング動作を途中でやめてしまった。もちろんボーク。それくらい平常心を失っていた。そこで僕が救援登板したのですが、9回まで投げきって被安打2の無失点。チームも4対3で逆転勝ち。関東大会では背番号1を背負うことになりました。

松本吉啓監督に「1番」だと伝えられたときは「オオーッ」と喜んだと同時に、「俺で大丈夫かな」と不安もよぎりました。でも、「必ず甲子園に連れていってくれ」とも言われ、モチベーションが上がりました。みんな物おじしないやつらで、2年生の夏のチームの勢いとはまた違う、いい意味ではっちゃけた頼もしいチームだったので、手ごたえもありました。すると、期待どおりに打線が爆発。初戦が11対1で5回コールド、続く準々決勝が13対4で7回コールド、準決勝は4対1で決勝が9対5。僕も打率6割4分3厘、3本塁打。全30イニングを投げ抜き、準決勝では初めて9回完投を経験しました。各地区の優勝校が集まる明治神宮大会でも初体験がありました。品川プリンスホテルに泊まったとき、田舎者なのでカードキーを使ったことがなく、「おいっこれ、カードキー、すげぇぞ!!」と、みんなで騒いだのが印象に残っています（笑）。

本当に気の合う仲間ばかりで寮生活も楽しかった。ゲームもマンガも一切ない。あるのは食堂にテレビが1つだけ。ですから食事のときだけで、ほとんどテレビも見なかったですね。1年生のときは余裕がなかったですけど、2年生になると少し悪いこともやりました。といっても、禁止されていたトランプやマンガをこっそり持ち込んだ程度。寮生は「帰宅日」といって自宅に帰れる日が週に1回あったのですが、家から戻るときに表面には「グラブオイル」とか書いてごまかした箱にマンガを詰めて「密輸」しました（笑）。あとは就寝時間を過ぎてから、先輩と一緒に食堂にコソッと行って、カップラーメンにお湯を入れて内緒で食べたり。においがして一発でバレるんですけどね。何度かコーチに見つかって怒られましたけど、「3年生の○○さんに頼まれて」とかって言うと、なんとかなる。要領はいいほうで、あまり目はつけられませんでしたね。

寮は山の中にあるからコンビニに行こうと思っても、徒歩だと片道で40分くらいかかる。なので、たまにコーチにマイクロバスを出してもらって買い出しに行くんですが、そのときはもうお祭り騒ぎです。誰かが鍋を叩いて、「コンビニ！　コンビニ！」と号令をかける。「行くぞっ‼」とみんなでバスに乗り込んで、お菓子とか、ジュースとかを大量に買う。カップラーメンとかも箱買いしていました。あれは盛り上がりましたね。

今は新しくなったんですが、当時の寮は古い建物で壁に穴があいていて、となりの部屋のやつと「明日、何時だっけ？」なんて、普通に会話していました。部屋は4人部屋が5つ、6人部屋が2つ、離れに10人部屋が1つあったんですが、基本的にレギュラーのA1、ベンチに入る控え組のA2が4人部屋、二軍のレギュラーのB1が6人部屋、二軍のベンチ入り選手のB2、それ以外のCは10人部屋といった具合で割り振られていました。でも、松本監督は私生活をすごく大事にされる方なので、例えばほかの先生から「○○君、すごく一生懸命、掃除をやっていましたよ」とか、「○○君のあいさつ、すごくいいですね」という話が耳に入ると、B2の選手をいきなりA2に上げたりする。逆に「○○君、授業中、ずっと寝ていましたよ」とか言われたら、A1でもB2に落とされたり、A2からCに落とされたり。だから部屋のメンバー構成はよく変わっていました。僕は生活態度もきちんとやっていましたし、成績もそれなりだったので、落とされたことはありませんでしたが、野球だけやっていればいいわけではありませんでした。

僕は勉強も面白かったですし、学校での毎日も楽しかった。学食には大好物もありました。僕がちょうど2年生になる前くらいに、エレベーター、エスカレーターもついた9階建ての新校舎ができたんですけど、9階には天気のいい日は富士山が眺められる展望レストランのような立派な学生食堂がありました。僕ら寮生は寮で作ってもらった弁当があったんですけど、それでは足りなくて、よくカレーライスを食べました。大盛券をつけると大盛になるのですが、さらに裏技があって、もう1枚大盛券をつけると、器がラーメンどんぶりの超特盛に！　それがいちばん好きでした。

恋愛の話はとくに面白いことはないですかね。中学生のときからずっと今の嫁とつき合っていて、高校時代はメールをしたり、帰宅日のときに会ったり。結婚するまで、まぁ、それなりに、普通の交際をしていました。嫁が初めてつき合った女性なのですが、その彼女と結婚したことは素晴らしいと、まわりからはよく言われます（笑）。

予言

明治神宮大会が終わってから、翌07年の春のセンバツまでのあいだ、「あの甲子園で投げられるんだ」と思うとすごくうれしかったのですが、試合では思うようなピッチングができませんでした。甲子園で使っていた球は僕には合わなくて、決め球にしていた、松本監督命名の「丸ボール」（シンカー）が曲がらなかったんです。スライダーもカーブも試合で投げられるようなレベルではなかったので、ほとんどストレート。ボコボコに打たれました。

1回戦の中京高校戦は、5対4でなんとか勝ちました。でも、続く熊本工業高校戦は、延長12回まで戦いましたが、3対6で敗れました。負けてショックというよりは、「ここにもう1回、絶対に来よう」という気持ちが強かったですね。

春も関東王者になりましたが、僕は自分のピッチングができなくなっていました。疲労はなかったのですが、球速も10キロくらい落ちて、復調の糸口も見つけられないまま最後の夏を迎えました。県大会の初戦からあまりいい戦いができず、結局、5回戦で高校最後の大会は幕を閉じました。2対6で9回表二死。僕はネクストバッターズサークルにいたのですが、「頼むから、回ってくるな。最後のバッターはキツい」と思ってしまいました。実は前の試合もサヨナラ勝ちの辛勝だったのですが、マウンドで絶体絶命のピンチを迎えたとき、自分がもう高校野球を引退して私服でほかの高校の試合を見ているという、最後の夏が終わった高校球児の絵が頭に浮かんでいました。そして、この負けた試合でも、途中でそういう自分の姿が出てきていました。もう一度、甲子園に行きたいと思いながらも、自分やチームの状態の悪さを感じて、どこかでもう「終わり」を覚悟していたのかもしれません。

負けたあと、野球を続けるのは決めていたので、木製バットを買いに行ったのですが、正直、プロのことはいつから意識したのか思い出せません。そのくらい現実的にはとらえていなかったので、ドラフトでの指名も驚きが大きかったです。

でも、入学してすぐに松本監督にはこう言われていました。

「おまえは必ずプロに行けるよ」

正直、なぜだろうとしか思えず、理由を聞いたこともないのですが、今の自分があるのは間違いなく松本監督のおかげです。大事な試合でエラーをしたときも「失敗したら、次になにをすればいいかを自分で考えなさい」と言われて、前を向けました。要所、要所で大切なことを教えていただいて、原点というか、僕の土台を作ってくれた方です。メモを取ることももう習慣となっていて、プロに入ってからも気づいたことはノートに書くようにしています。もちろん野球だけでなく、礼儀やあいさつなど、人としても成長させていただきました。一生、頭が上がらない恩師です。

羽を広げる

高校3年生の夏の大会(2007年)が終わり、進路は悩みました。プロから指名してもらえるような選手ではなかったので、大学に行くか、どうするか。高校に教えに来ていただいたこともある内田俊雄さんが総監督をされていた亜細亜大学に行きたいと考えていたのですが、3年生のときに監督として拓殖大学に移られ、亜細亜大学に行く決め手がなくなってしまった。大輪弘之監督にはBCリーグの「信濃グランセローズ」に行ってみないかと提案してもらいましたが、高校から独立リーグに行くのは簡単なことではないと思いました。すると、また別のところをさがしてくれて、「電話でOKをもらったから、とりあえず練習に参加してくれ」と言われて行ったのが岐阜の中京学院大学でした。大輪監督は僕になんとか野球を続けてほしいと思ってくださっていて、連絡を取ってくれたのです。

どんな大学かもよく知らなかったのですが、まずは練習に参加してみようと行ってみると、想像していたチームとは違っていました。上のレベルを目指そうというよりは、野球を楽しもうという雰囲気だったからです。でも、それまでずっと厳しい環境だったので、「楽しんでやるのも1つだな」との思いから、お世話になることにしました。大学の4年間を頑張ってプロに行くという考えはなくなり、野球を楽しもう、そんな気持ちでした。練習は毎日ありましたが、時間も短いですし、ノックの本数も少ない。フリーバッティングでほかの選手が打っているときには本来のショートではなく外野を守ったり、打ち終わって時間が余ったらピッチング練習をしてみたり。もちろん怠《なま》けたり、いい加減にやるのではなく、自分できちんとやるべきことをやって、なにも言われないようにするという決まりを作って、そのうえで楽しんでいました。強豪大学とは違い、アルバイトも許されていました。学校がある日は授業が終わった順番にグラウンドに来て、バッティングなどやるべきことをやったら、全体練習が終わる前でも「バイトなので先にあがります」なんてことも認められていました。親から仕送りはもらわず、自分で生活費を稼いでいたということもありますけど、みんなも同じでした。

本当にそれまでとの落差が大きくて、むちゃくちゃ遊びました。遊びといっても、だいぶ田舎にある大学なので、川で釣りをしたり、リアル野生児なものが多かったんですけど。あと、勉強はそんなに、いや、ほとんどやらなかったので、学校に朝から行っても、動画サイトを見て、見終わったらダーツをしてとか、サンオイルを持っていって校内のベンチで日焼けしたりとか、そんなことばかりしていました。本当に自由気ままなキャンパスライフでしたね。さすがに大学から怒られたりもしましたし、卒業できなかったらどうしようかなとか思いましたけど、朝、起きられないことが少なくなかった。なぜなら夜遅くまでバイトしていることが多かったんですよね。いちばん最初は牛丼のチェーン店だったかな。その後は運送会社の夜勤の仕分け作業をして、最も長かったのがパチンコ屋さん。閉店が夜の10時40分くらいで、そこから掃除をしたりするので、帰宅はどうしても12時を過ぎてしまう。その時点で次の日の1限目はアウトだなって（笑）。それどころか目が覚めるともう昼だったみたいな。しかも、バイト代はほかに使う場所もないので、パチンコに使う。店からもらって、店に返す（笑）。毎日、店で見ているので、やりたくなるんですよね。こういう台がいいんだなとか、働きながら学ぶ。こっちは熱心に勉強していましたね。でも、勝てないから、すぐになくなってしまう。お金を稼ぐというのは甘くないんですよね。カープに入ってから松本（奉文）スカウトに「好きな野球をして稼げるなんて幸せだろ」と言われましたが、本当に今、幸せです。

中京学院大学が所属しているのは東海地区大学野球連盟の岐阜学生リーグで、各大学に2、3人は光る選手がいて、卒業後に社会人野球で続ける人もいますし、僕の1学年先輩で今、一緒にカープでやっている池ノ内亮介さん（10年ドラフト育成2位）など、直接プロに入った人もいます。とはいえ、正直、レベルは低いと感じました。1年生の春（08年）からショートのレギュラーで出続けて、ベストナインは1年生の春と3年生の春以外、計6回選んでいただきました。2年生の春（09年）には三冠王にもなれたのですが、ここで1つの転機が訪れました。第37回日米大学野球選手権大会の日本代表選手候補として連盟に推薦され、選考合宿に参加することになったんです。

それは錚々《そうそう》たる顔ぶれでした。同じ内野手だと東京ヤクルトの荒木貴裕さん（近畿大学）や、横浜DeNAの加藤政義さん（九州国際大学）、外野手には千葉ロッテの伊志嶺《いしみね》翔大《しょうた》さん（東海大学）など、みんなその後、プロに行くような人ばかり。（野村）祐輔（明治大学）も、土生（翔平／早稲田大学）もいた。斎藤佑樹さん（現北海道日本ハム）はもう別格。ブルペンで投げるとなったら、ファンがみんな移動して集まって、「キャーッ」みたいな。同じ母校の武蔵工大二高から亜細亜大学に進学していた中原（恵司）さんも来ていて、久しぶりにお会いしてあいさつすると、「おう、おまえ、出世したな」って（笑）。ほかに知っている人もいなかったのでキャッチボールも一緒にしていただき、僕も亜細亜大学に行っていたらどうなっていたのかな、なんて考えたりしました。中原さんは代表に選ばれて、大会で最高殊勲選手にも輝いていたので、改めてすごいなと思いました。

僕は代表には残れなかったのですが、実はそこを契機にいきなり足が速くなったんです。合宿で50メートル走のタイムを計ったら5秒9！　1歩目をスタートしてからの計測だったのですが、それを差し引いても6秒1、2くらい。高校までは6秒4程度だったので急成長です。まわりのレベルの高さに驚きつつ、負けたくないと必死に走ったら、気持ちなのか、本能なのか、なにかが能力を引き出してくれて、開花したんです（笑）。夏は朝練が終わってから学校に行かずに、そのまま友だちと一緒に川に行って泳いだりしていたので、そうした全身を使っての運動が良かったということもあるのでしょう、たぶん！　大学に入ってから特別なトレーニングをしたわけでもありませんから。それが結果的にしなやかな筋肉を作ってくれたんじゃないですかね。

当時のコーチからも、合宿に参加したことで「プロのスカウトが見に来てくれるようになるかもしれない」と言われ、またプロを意識し始めました。2年生の秋は首位打者とホームラン王を取り、今度は東海地区大学野球連盟の選抜チームの一員として台湾遠征へ。いちおう、「JAPAN」のマークがついたユニフォームだったので、「東海JAPAN」みたいな（笑）。岐阜以外の三重、静岡リーグの選手とも仲良くなれたし、海外遠征は初めてのことだったので、いい経験ができました。4年生の春（11年）には再び大学日本代表の選考合宿メンバーに入ったのですが、2年前と比べて差はないと思いました。2年生のときはただ必死で、捕ってから速く投げて、良く見せようという色気があったんですが、4年生のときはしっかり捕って、投げてと、どっしり落ち着いてできました。2年間でスター選手に「負けていない」と感じられるようになっていました。

見にきてくださるプロのスカウトの方も次第に増えていき、「もしかしたら」という気持ちを持つようになりましたが、うまくプレーしようとかではなく、一塁までの全力疾走とか、とにかく一生懸命プレーしている姿を見てもらおうと考えていました。注目されても指名されない選手はたくさんいますから、「プロでやりたい」という思い、必死さを伝えたかったんです。ドラフトでは、それが届いたのかなと思っています。

33
ATENZA

ATENZA
9
MARU
9

MARU
9

33

Carp

9

Hiroshima
9
Hiroshima
18
Hiroshima
33
Hiroshima
26

33
Carp

Carp

Carp
33
Carp
7
Hiroshima

Carp
64
Carp
Hiroshima

Hiroshima
9
KIKUCHI
33
SHIRAHAMA
32

A77

hummel

Maru

Ryosuke

Carp
33

コンビで性格も
似てるよね！
一緒にいて
違和感がない!!

几《き》帳《ちょう》面《めん》じゃないし、
悩まないし、
違うところが
見つからない！

Hiroshima
33
Hiroshima
9

「キクマル」特別対談 後編

まだある！ 名コンビの秘密

体や道具へのこだわり

「ヒゲはずっと続けていくんじゃないかな」――菊池
×
「バッティンググローブは2試合でダメになる」――丸

菊池 丸は2014年がプロ7年目のシーズンだけど、高校のときと比べて体はかなり大きくなったんじゃない。

丸 そうやね。体重は入団したとき77キロくらいだったのが、今は90キロ。

菊池 ウェイトトレーニングをよくやっているけど、その姿を見ると、「うぁ〜、重たいもの持ってるわ。しんどそうだな」って思う。

丸 キクはウェイトはやらないね。

菊池 高校のときまではやっていたんだけど、筋肉がつくと肩が回らなくなって投げにくいとか、いつもの走り方ができないとか、そういう感じがして、いやなんだよね。だから重たいものは持たない。やるとしても3キロとか、5キロ。あとは器具を使わない自重トレーニング。基本は体幹トレーニングをやっている。いろいろなタイプ、理論があるよね。でも、体を大きくしたいとは思っている。清原和博さんとか、松井秀喜さんみたいな、ドンッという感じの大きい体。

丸 ガンちゃん（岩本貴裕）みたいな。

菊池 ガンちゃんはちょっと違う。中はプルプルだからね（笑）。丸みたいな野球選手らしい体というのは憧《あこが》れだよ。体重管理とかもすごく気をつかっているもんね。

丸 今はコンパクトな体重計もあるから遠征にも持っていって、毎日、朝と晩に必ず測っている。もう習慣だね。

菊池 俺が丸の体で気になるパーツは足首。固いんだよね。

丸 俺は本当に体が固い。股関節《こかんせつ》、ヒザ、足首。すべて固い。

菊池 その中でようやっているなと思う。

丸 でも、固さは強さでもあるからね。そして、脆《もろ》さだから。

菊池 となり合わせ。

丸 常に選手生命の危機と戦っている。キクは好きなパーツある？

菊池 ヒゲやな（笑）。

丸 やっぱりこだわりがあるの？

菊池　こだわりというか、1年目に一軍へ上がったときに、「おまえ、もみ上げ結構、濃いな」って琢さん（石井琢朗コーチ）と廣瀬《ひろせ》純さんに指摘されて、「ちょっと、チャーリー（廣瀬）みたいにしてこいよ」って琢さんに言われたのがきっかけだけど、それがなかったら伸ばしていないと思う（「チャーリー」の由来は、広島弁でもみあげを指す「チャリ」から）。ファームはヒゲ禁止だし、一軍でも1、2年目の若手がヒゲを生やすというのもね。

丸　抵抗あるよね。

菊池　俺、ヒゲが真っ直ぐではなく、曲がって生えてくるんだよね。それが原因で、にきびみたいになっちゃう。

丸　痛いね。いやだね。

菊池　それがいやだから生やしているというのもある。にきび面《づら》みたいにもなるし。だから琢さんと純さんに言ってもらって良かった。ヒゲはずっと続けていくんじゃないかな。エンドレス！　引退するときは安仁屋《あにや》（宗八《そうはち》）さんくらいになっているかも（笑）。

丸　俺はこだわりというのはないかな。俺、なんかある？

菊池　バッティンググローブ。ダメになったら、すぐ新品にするじゃない。

丸　まぁ、そうか。俺、手汗をすごくかくからね。汗をかくと、中が湿ってくるじゃない。そうすると、外側は滑り止めのスプレーでくっついているのに、中側は汗で滑る。その感覚がすごく嫌いなんだよ。本能的に滑らないようにグッと強く握っちゃう。バットは本当に軽く握っているから、少しでも力が入っちゃうと動作に影響が出る。だから1試合で1つ変えるからね。とくに夏場のマツダスタジアムとか、屋外球場だと、2打席で変えている。ドライヤーで乾かすと縮んでまたピタッとなるけど、それでも2試合くらい使ったらダメだね。

菊池　試合で使い終わった物は練習とかで使っているの？。

丸　うん。とにかくメーカーの人にも「バット、グラブ、スパイクは最低限でいいから、バッティンググローブにすべて捧げてください」ってお願いしている。

菊池　俺は道具でそういうのはまったくない。グラブも磨かないし。逆に磨かないのが、こだわりと言えば、こだわりかな。磨くことでちょっとでもフィーリングが変わるのがいやだし、オイルを塗《ぬ》ったときにベタベタになるのもいや。でも、そのくらい。バットも重さをちゃんとわかっていないもん。

丸　俺もカープに入ってしばらくはバットの重さを勘違いしてやっていた。入団前、キャンプはしんどいだろうからバットは軽いほうが楽なんじゃないかなと考えて、注文するときに「軽め」でお願いしたの。だからずっと860、870グラムくらいだと思っていた。そこからずっと変えていなかったんだけど、あるときよく行く飲食店の知人に、プレゼントでバットをあげたの。そのときたまたまはかりがあって乗せてみたら940グラムあった。びっくりした。だいぶ重いよ。

菊池　だいぶ重いな（笑）。でも、俺も重さじゃない。バットを握ったときの感覚。重心が手元寄りだから重くは感じないけど、何グラムか書かれてこないから、それはわからん。グリップのフィーリングと振った感じなんだよね。重いと思ったら、ちょっと軽くしてくださいと言うし。スパイクはいいものを履《は》きたいけど、痛みを感じるとかでなければOK。

丸　キクのほうがすごく感覚的だよ。バッティングもそうだけど俺は結構、理詰めで考えちゃう。

菊池　俺は言われたことをやってみる。それで自分で感覚をつかんでいくという感じ。

丸　俺はあんまり頭が良くないから数を振るしかないんだけど、正しいフォームで数を振らないといけない。へんてこりんなスイングで、たくさん振っても意味がないから、そこは気をつけてやっている。

菊池 これがないとダメという必需品ってある？　俺、ヒゲ剃《そ》り！

丸 鉄板やな。

菊池 ちょっとでもだらしない感じだと、野村監督にチェックされるからね。「おまえ、汚いぞ」みたいな。朝、ちゃんと剃って行かないと怒られる。あとは遠征にまで持っていったりはしていないけど、寮にある枕も欠かせないかな。枕も、抱き枕も低反発。低反発って、いいいね（笑）。

丸 いい？

菊池 ヤバいよ。抱き枕、いいよ〜。低反発の感触がいいのよ。

丸 俺はプロテインだな。

菊池 それも鉄板。もう、一日中、飲んでるよね。

丸 試合前にも1回入れて、試合中入れて、もう1回試合中に入れて、終わって入れて、なんだかんだ1日7、8回飲んでいる。たぶん内臓、ボロボロや。

菊池 ヤバいな。

丸 これは死と、となり合わせだよ！（笑）

菊池 なんでも、となり合わせか!!（笑）

もしも野球をやっていなかったら？

「保育園の先生かな。キクはとび職だろ？　地下足袋《じかたび》が似合いそう」——丸

「丸は塗装屋《とそうや》さんかな。保育士のイメージじゃないな（笑）」——菊池

丸　プロテインはそういうわけじゃないけど、試合に臨むにあたってルーティンみたいなののある？　マエケンさんは験《げん》を担いだりするじゃない。

菊池　俺はまったくない。前夜に１９８０年代の曲を聞いて、なごんで寝るくらいかな。自分がリラックスできていれば、それでＯＫだから。

丸　打席に向かうときの登場曲もそういう感じ。

菊池　古い曲が好きなだけなんだけど、この年代にはないようなものを選んで、俺の色を出していこうという気持ちもあるかな。丸はクラシックの曲を使っていたよね。

丸　13年の途中から変えたけどね。

菊池　「ピアノなんとか曲、第何番、わかるか？」とかって聞いてくるけど、全然わからない。

丸　みんな、興味を持ってくれないから悲しいよ。

菊池　ベートーヴェンとかしかわからない。あれはクラシックじゃないの？

丸　もちろんクラシックだよ。

菊池　ジャッ、ジャッ、ジャッ、ジャ〜ン（交響曲第五番『運命』）くらいしかわからない。

丸　そう、そう、そう、そういう系。興味ない？

菊池　興味ないというか、80年代の曲と、クラシックが目の前にあったら、80年代のほうに行くでしょ。丸は本当にクラシック好きだよね。1回、コンビニでも買っていたじゃん。いきなり「あっ、第何番や！」みたいな感じでさ。

丸　第九の合唱だったっけかな。DVDだよな。

菊池　そう、DVD。やっぱり好きなんだって、そこで思った。

丸　みなさんが思っている以上に好き。

菊池　「寝る前に聴いてみ、すぐに寝られるから」ってすすめられて聴いてみたけど、「いや、わからないな〜、これ」って。

丸　すごいんだって。寝る前とか、運転するときとか。

菊池　運転中に眠くなったらまずいじゃん。

丸　寝るときに聴くと眠くなるけど、運転するときは眠くならない。リラックスできるよ。

菊池　野球をやっていなかったら音楽関係だった？

丸　いや、それはないかな。

菊池　プロ雀士とかは？　麻雀《マージャン》、好きだもんね。高卒1年目のときに1人で雀荘《じゃんそう》に行ったんでしょ。それを聞いて、すげぇなって思った。

丸　メッチャ、怖かった（笑）。あのときのことは忘れない。

菊池　なんで、また行ったの？

丸　どんなものかなと思って。仲間とワイワイやっているのも楽しいんだけど、知らない強者《つわもの》と真剣にやってみたいなと。情熱だよ。どんなことでも情熱があるか、ないかだと思う。ゲームも、ゴルフも、野球も。

菊池　情熱を持ち始めたら、とことんやるもんね。

丸　俺くらい好きになってくるとレンタルビデオ屋に行っても、まずは麻雀のＤＶＤのコーナーに行って借りる。それを部屋でずっと流しておいて、なにかをやりながらパッと配牌《はいぱい》を見て、プロの雀士と、自分が考えた捨て牌が一致したときに、「ヨシッ」って思う。何事も徹底的にやらないと。

菊池　めったに出ない幻の役満の「天和《テンホー》」を出したことがあるんでしょ？

丸　キクが入る前の11年かな。

菊池　でも、俺も13年の年初めに兄貴と、兄貴の知り合いとやったときに、役満の「大《だい》三元《さんげん》」を上がった。今年、行けるなと思った。

丸　大三元で？

菊池　天和ほどじゃないけど、なかなか上がれないじゃない。

丸　まぁ、そうか。

菊池　これはちょっと今までの俺とは違うなって（笑）。

丸　実際、13年はセカンドのレギュラーになった。

菊池　丸も11年は一軍に定着して131試合に出たんでしょ。やっぱり役満は吉兆だよ。

丸　情熱が高まって本当に打ちたくなると、ゲームセンターに行って、通信対戦の麻雀ゲームをやったりする。

菊池　あれ、やっちゃうね。俺も大学のときやっていた。

丸　ちゃんとついたてがあるからまわりにバレないしさ。ちなみにここだけの話だけど、俺のハンドルネームはうちのチームの某選手の名前（笑）。

菊池　ハハハッ。俺、やるとしたら誰にしようかな。松山竜平にしようかな、フルネームで。

丸　フルネーム（笑）。

菊池　全国でたくさんの人がやっているからバレないでしょ（笑）。

丸　まぁ、でも麻雀はただ楽しんでやっているだけ。仕事にする感じじゃないな。それよりも保育園の先生とか、そっち系だったかな。

菊池　俺、高校進学のときに父親に「高校に行って野球をやるのか。それとも俺が紹介したところで働くか。どっちかにしろ」って、野球と土木関係の仕事の二択を迫られたことがある。それは野球やるでしょ。野球をやらせてくださいって。

丸　キクは野球やっていなかったら、とび職だろ。地下足袋《じかたび》、似合いそう。

菊池　丸はなんだろう。なんとなく、塗装屋《とそうや》さんかな。保育士のイメージじゃないな（笑）。

丸　イメージは浮かばないだろうね。

菊池　俺も子どもは好きだよ。ファンの子どもたちとか、一緒に遊んだりするのは楽しいし。でも、丸はもう自分の子どもがいるんだもんな。同い年とは思えないよ。

丸　でも、嫁に言われるよ。「うちには子どもが2人いる」って。俺もまだまだ子どもだよ。

菊池　俺も結婚したら、そう言われると思う（笑）。

丸　そうなるよ、やっぱり。

菊池　でも、丸が父親になる前、「俺、子どもをワァ～って、高い、高いってしたりするのかな。なんかキャラじゃないよな」とかって言っていたのに、いざ子どもが生まれたら、めちゃくちゃやっているもんね。そうなるんだなって。俺もなるかな？

丸　なる、なる。100％なるよ。

菊池　やっぱり子どもはいいなって思う。丸のところは男の子だし、野球をやらせたいとかある？

丸　やらせたいというのはないな。

菊池　俺は男の子だったら格闘技をやらせたい。

丸　本当に!?　たぶん嫁さん、反対するぞ。

菊池　するかな？

丸　絶対するよ。

菊池　じゃあ、プロゴルファーにでもなってもらうかな。稼げそうだもん。

丸　老後をみてもらうにはね。ゴルファーか、競艇《きょうてい》選手。

菊池　そうや、競艇や。長くできるからな。

丸　それか、競輪選手。

菊池　競輪は無理だな。競輪できるほどのパンチ力はなさそう。

丸　キクの子どもだったら、身長は大きいほうじゃないかもしれないしね。

菊池　きっと小柄だよ。絶対、競艇だよ。

丸　競馬のジョッキーもある。

菊池　でも、やっぱり競艇にするか。

丸　競艇か、ジョッキーだな。でも、その前に結婚。家庭への憧《あこが》れとかは持っているの？

菊池　まだやね。今の、まだ3年目の状況とかを考えると、やっぱりしんどいかな。チームの中でもっと信頼してもらえるような立場になってからじゃないと。もうちょっと頑張ってからだな。

丸　人生プランをしっかり立ててからやね。

菊池　うん。まずはプロ野球選手として、しっかり結果を残し続けられるように努力するよ！

丸　俺も一軍でやっていける手ごたえなんてまだ得られていないし、もっと頑張らないといけない。一緒に成長していけたらいいね！

COLUMN

私が見た「キクマル」の素顔

久本祐一 投手

YUICHI HISAMOTO

「『キクマル』は、中日時代の荒木さん・井端さんの『アライバ』全盛期に負けない、最高のコンビになれる」

キクとは僕の出身である亜細亜大学とのつながりが深いんです。あいつの高校（武蔵工業大学第二高校）はずっと亜細亜大学のOBの方が監督をされていて、僕と同い年の人間がコーチもしている。大学（中京学院大学）も僕の1つ上の先輩がコーチに就《つ》いているんです。

そうした縁で、出会う前からキクの高校時代の監督だった大輪弘之さんから「菊池というやつがおって、プロに行くことになったから、よろしく頼むな」と電話をいただいたりもしていました。

キクがプロ入りした2012年、僕は中日にいたので接点はありませんでしたが、翌年にカープに移籍して仲良くなりました。きっかけはなんだったかな。思い出せない。本当に自然とですね。気づいたら横におったという感じです（笑）。

14年シーズンを迎えるにあたっては、一緒に自主トレも行いました。庄司隼人と戸田隆《たか》矢《や》も加わって、お互いのいいところ、悪いところ、野球の話を本当にいろいろとしました。キクとじっくり話してみてわかったのは、考え方が一緒だなということ。練習のやり方も、教わってきた指導も似ていました。

ああいう野生児キャラですけど、チームのこともよく考えています。もうちょっとこうしたほうが、みんなにとっていい方向に進むんじゃないかとか。亜細亜大学は自分よりもチームのためにという教えなのですが、そこも同じでした。自己犠牲を厭《いと》わない。それは絶対ですね。そうでなければチームは強くならないんです。

それから言っていたのが、やっぱり「優勝したい」「ビールかけがしたい」ということ。僕は中日で何度も優勝経験があるのですが、「優勝はどんな感じなんですか？」とか、そうしたことをよく聞いてきました。優勝がもたらすものというのは大きくて、優勝することによって自分自身も変わりますし、チームも変わっていく。キクはそうしたことも意識しながらプレーしていると思います。

丸は14年の春季キャンプのときのロッカーが近くて、よく面白い動画をさがしてきて見せてくれたりしましたね。僕は競艇《きょうてい》とかはそんなにわからないんですけど、丸は好きみたいで、「こんな面白い実況を見つけましたよ」って、珍しい調子で実況するアナウンサーの動画を教えてくれました。

野球に関しては、丸もよく考えていますね。それに自分を持っている。僕のところにピッチャーのことを聞きにきてくれたりもします。研究熱心。そんな言葉も当てはまりますね。僕のほうも、見ていいフォームで投げているなと感じた他球団のピッチャーについて、丸に質問したりします。打席ではどういう感じだったのかとか、変化球はどう変化したのかとか。横から見ていてもわからないことがあるので、実際に対戦したバッターにいろいろ聞いて、こういう投げ方だとこう変化するんだなとか、参考にさせてもらったりしています。

これからどんどん良くなっていくと思いますし、チームの中心になるバッターですね。丸がそういうバッターで、キクがチームのいろいろなところを見渡して支えるという感じになる気がします。チームを牽引《けんいん》するうえではどちらが欠けてもダメですし、打順は並ぶことが多いので、右、左というのもいいですよね。

僕が中日にいたときは2人ともまだ一軍の試合にそんなに出ていなかったわけですが、今、カープと対戦するとしたら2人を最もマークしますね。やはり塁に出して乗せたくない。僕が中日で投げていたときのカープ打線は、それほどいやらしさもありませんでした。

でも、今は足もあるし、守備力も上がりました。この2人が出てきたことが最大の要因です。打順は1、2番、2、3番どちらにいてもいやですし、キクマルの持つ走力や相手に与えるいやらしさは、井端（弘和）さん、荒木（雅博）さんの「アライバ」に似ている部分があります。丸は長打力も兼ね備えていますし、2人を超える、最高のコンビになれる可能性もあると思います。とにかく「キクマル」には打線を引っ張ってもらわないと困りますね。

Hiroshima
9

KIKUCHI
33

第5章 優勝

KIKU／MARU
菊池涼介／丸佳浩

笑顔

2014年シーズンの開幕を迎えたとき、「今年にかける」という思いは13年よりも強いものがありました。第1章でも触れたように守備も含めて13年の成績には納得していませんでしたし、まわりからは「やれて当たり前」という見方をされる。そのハードルも越えていかなければならない。ゴールデングラブ賞も連続で獲らないと意味がないと考えているので、より強い意志を持って3年目のスタートを切りました。

常に心がけているのは笑顔でいること。帽子のツバにも必ず「笑顔」と書いています。切り替えが早いとよく言われますが、落ち込んでいても、いい結果は生まれてこないと思うんです。性格的なこともありますけど、いつも元気で前を向いていたい。

みんなからは「うるさい」とクレームが入りますが、まったく気にしていません（笑）。野村（謙二郎）監督からも「エラーしても声を出してやれよ」とか、「明るさを出していけよ」と言われています。

野村監督は試合中にはあまりないんですけど、僕の様子を見ては、ポンと声をかけてくれます。たまにでも、すごく見てくれていると感じますし、その言葉のおかげで、力が抜けて良くなったりします。「ベンチでも勉強しておけよ」とか、そういうものもあるんですけど、「いくらミスしようが、下を向くな」とか、気持ちの面での励ましの言葉で「さぁ、行くぞ」「やってやるぞ」とポジティブな気持ちになれることがすごくあります。

バッティングもまだ自分の形というものがないので、日々、新井（宏昌）打撃コーチに言われていることを考えながらやっています。そんな中で左足の上げ方に関しては見えてきたところがあります。それは野村監督にも言われたことなのですが、13年より打てている要因の1つだと思います。でも、全体的にはまだまだなので、もっと追求していきたいです。バットも試行錯誤中で、13年は短いのを使ってアウトコースが届かないと感じていたので、14年は春季キャンプから長くしたものをいくつか試して、感覚的に合った長さのものを短く握るように変えました。どれくらい打ちたい、打てそうだとかは、よくも悪くもやってみないとわからないと思っているので、目標の数字は作らないんですが、春季キャンプで日本代表の小久保裕紀監督に「2割8分は打てよ」と言われて、「はい！ 2割8分、打ちます‼」と答えちゃったので、そこはクリアしないといけないですね（笑）。

守備は琢さん（石井琢朗コーチ）にすべて、これはこう、あそこはこうと教えていただいています。13年の後半に自分のペースでできたのも、あわててプレーしていた僕に「1つひとつでいいよ」と、何度も繰り返し言っていただいたおかげです。キャンプでは計算問題を出しながらノックするなど、いい意味で遊びの部分を作ってくれたり、練習も工夫してくれます。体を動かすだけでなく、頭も一緒に働かせろということなのですが、簡単な1ケタの足し算にもかかわらず、僕は相当、間違えました（笑）。本当に毎日、勉強させていただいています。

打球に対する一歩目のスピードをほめていただくこともあるのですが、相手バッターの打ちにいく瞬間の体勢を見て、「引っかけそうだな」とか反応するケースはあります。やはり守備範囲を広げようとしたら一歩目はすごく大事なので、そういうところには神経を研《と》ぎ澄ませています。それからポジショニングは基本、「こっちに来そうだな」などと感性に任せて動きます。昔からそうなのですが、今のように大きく変えるようになったのはプロに入ってから。回数は少ないですけど、キャッチャーの石原慶幸《よしゆき》さんからも「このバッターはこういう癖があるかもしれないけど、このカウントまではこっちに守っていてくれ」といった感じで、ポイント、ポイントでアドバイスをいただくこともありますしね。13年に試合に出続けたことで、バッターの癖、ピッチャーの投げる球種、球質など蓄えられたデータもあるので、もっとやらないといけないと思っています。

走塁面でも徐々にですが、一歩ずつ上がっていけているかなという手ごたえは出てきました。琢さんだけでなく、赤松真人《まさと》さんにも教えていただいています。試合中にも走塁のことでよく話をします。「癖が見えるか?」とか、「ピッチャーのこの動き、わかるか?」とか。赤松さんはそういう観察力がすごいんです。代走で出ていって、確実に盗塁を決めている方ですからね。教わることはたくさんあります。

カープは、「みんなで」とか「1つになって」というのが大きな柱としてあって、自分の知識や技術を出し惜しみすることなく、チームで共有しています。それがカープの強さの一因になっていますし、まとまりも生んでいる。チームの雰囲気が良ければ力も発揮しやすい。

本当にいいチームメイトに囲まれています。

菊池色

一軍のメンバーだとほとんどが先輩で、みなさん本当に仲良くさせてもらっていますし、面倒も見ていただいているんですけど、その中でも久本祐一さんは「育ち」が似ているので、とても話しやすい先輩の1人です。ピッチャーと野手ですし、普段の考え方もまったく違うんですけど、久本さんは亜細亜大学出身で、僕も高校の大輪弘之監督、大学のコーチら亜細亜大学出身の方に指導してもらってきたので、野球に対する考えはすごく近い。自主トレも一緒にやらせてもらいましたし、「兄貴」と呼んでいます。

(廣瀬)純さんは「師匠」です。純さんが「チャーリー」で、僕が「小《こ》チャーリー」。かしこまってバッティングのことや守備のことを話したりはしませんけど、試合中のベンチ裏などで「さっきのは形がこうなっているから、こうしろ」「今のままでいいんだぞ」とかアドバイスしてくれます。純さんは僕に限らず本当にほかの選手のことをよく見てくれていますし、逆に自分が悪いときは「今、俺、こうなっていたやろ?」とか、僕なんかにも聞いてくれたりします。それはうれしいことですし、「こうなっていたと思いますよ」と遠慮せずに言うようにしています。なにげないかもしれないですけれど、重要な会話をさせていただいています。

よくイジっているのはマッちゃん（松山竜平）。試合に出ていれば、「今、打ったのはなに？」とか、細かいことを聞いたりしますが、普段は野球の話はしないですね。どんな存在だろう……。優しい人（笑）。丸もそうだし、みんな、イジっているので。リアクションが面白いんです。ガンちゃん（岩本貴裕）もイジらせてもらっています。亜細亜大学出身ですし、よく一緒にご飯にも行きますね。ずっとニコニコしています。ラーメンが大好きです（笑）。先輩をイジってばかりの生意気な後輩かもしれないですけれど、本当にみんなかわいがってくれているので、ありがたいです!!

後輩は少ないのですが、（堂林）翔太とはオフのときに買い物に行ったりもします。翔太はとにかく真面目というか、ドーンと気持ちが落ちてしまうことがある。そういうときに「おまえ、元気出せよ」「もっと自信を持てよ」と話しています。技術もそうですし、気持ちの切り替えとか、僕の感覚の中で言えることは伝えています。僕は落ち込まないタイプなので、そういうところは助けになれたらいいかなと思って話したりします。弟とまではいかないですけど、そんな関係性ですね。あと、僕をイジる人はいないんですけど、（上本）崇司とは2人でふざけ合ったりはしています。

そして、丸！　13年の50犠打は、丸がたくさん出塁してくれたからこそ。ランナーがいないとバントはできないわけですから、丸あっての50犠打なんです。試合中も2人でずっとしゃべっています。このピッチャーはこういう癖があるとか、クイックが遅いから走りやすいとか、毎試合ずっと話しています。「会話してくれてありがとう！」です。お互い感じたことを意見交換しています。丸の感覚と僕の感覚は全然違うんですけど、だからこそ逆に参考になることがあるんです。あと丸がすごいのは、選球眼の良さ、13年も14年もここというときに打つ勝負強さ。「すげぇな～」と思って見ています。

若いチームでもあるので、ライバル心がどうのとか、誰がいるから負けないようにしなきゃとかというのはまったくなくて、みんなが自分の色を出して、自分の持っているものを試合でぶつけていけたらいいなと思ってやっています。

本当にいい仲間に支えられていますし、みんなで優勝がしたい！　13年にクライマックスシリーズに出られて、いい流れで来ていますし、絶対に優勝するという思いは揺るぎません。そんなに簡単なものではないんですけど、クライマックスシリーズを経験してその気持ちは強くなりましたし、可能性も感じました。

あのときはファンあっての僕らだということもすごく感じました。鳥肌が立つくらいすごい応援で、「やってやろう！」と勇気づけられました。勢いに乗れば、ものすごく力を出すチームです。それを持続していくのは難しいことかもしれませんけど、このチームならできると信じられます。

僕個人としては、入団前に目標として名前を挙げさせていただいた仁志敏久さんみたいになりたいとか、琢さんみたいになりたいとか、理想の選手像は、今はありません。僕は「菊池涼介」というスタイルを作りたい。僕の色を出して、現役を終えたときに、こういう選手だったねと。もちろんいちばんのこだわりである守備が大きなウェイトを占めるのかなとは思いますが、あらゆる可能性を排除せずに僕らしく、明るく、必死で、笑顔を絶やさずにやっていく。そのうえでどんな自分になっているのか。それは自分でも楽しみなんです。

これから僕がどんな選手になっていくのか。ファンのみなさんにも見届けてもらえたらうれしいです。できれば、温かい目でお願いします（笑）。

でも、それがわかるのはまだ先の話です。とにかく、まずは優勝です！　何度も言いますけど、1991年以来の優勝!!　引退までに1回でも多くビールかけをしたいです!!!

無駄死にするな

2014年、背番号が「63」から「9」に変わりました。僕の前に9番をつけていたのが緒方（孝市）コーチ。決まった直後は「ちゃんとやらないといけないな」と、責任を感じました。でも、いざユニフォームを着ると、「9番になったからといってできなかったことができるようになるわけではない。一生懸命やるしかない」と、不思議と力が抜けました。そもそも背番号は自分には見えないですし（笑）。特別に意識せずプレーしています。ただ、緒方さんに「14年から9番をつけさせてもらいます」と報告した際、「ワシはまだまだ認めんけんのう」と言われました。もちろん僕もすべてにおいて足りないと自覚しています。でも、緒方さんは左打ちと右打ちの違いこそあれ、打って走って守れる外野手で、僕が目指す選手像に近い方。少しでも認めてもらえるように頑張るだけです。

三拍子揃《そろ》った選手ということでは野村（謙二郎）監督も同じで、多くのことを学ばせていただいています。よく言われるのは、「調子が悪くなったらショートゴロを打て」。現役時代、調子が悪いときにどう考えたかとか、メンタル面のアドバイスもしてくれます。キャンプなどだと冗談を交えながらだったりで、話もしやすいです。僕が初めて一軍にずっといた11年は、全然打てなくても我慢して使っていただきました。すごく大きな経験でした。

バッティングは新井（宏昌）コーチに12年の秋季キャンプから指導していただいてガラリと変わりました。「今のフォームにはこんな悪い点があるから、直そう」と具体的に指摘していただいて大改造。高いグリップの位置からバットを振り下ろして打っていましたが、それだと外角球を打てるポイントが「点」になる。それを、グリップを下げてレベルに振ることで、ミートポイントを「点」ではなく「線」に広げられるようにする。「アッパースイングになるくらいでもいいから打て」と言われ、やっているつもりでもなかなかそうならない。それまでは自分が振りやすいスイングをしていたので、変えて違和感を覚えるのは当然ですし、なかなか自分のものにできませんでした。でも、それだけの大きな変更でしたが、抵抗はありませんでした。なぜなら全然打てていなかったから（笑）。「どうせ打てないなら変えて、納得できるまでやって考えよう」と、決断できました。フォームに関しては、13年春のキャンプを経て、オープン戦に入って少しずつ結果が伴ってきたとき、「なんとかなるかな」というか、「ちょっとは慣れたかな」と。練習ではできても実戦でできないことが多かったのですが、オープン戦である程度固まりました。

それからタイミングの取り方。オープン戦から、ランナーがいないときは小さく2回ステップする形を取り入れました。これも新井コーチの教えです。右足を上げてドンッといくのは勢いもついてパワーも生まれますが、今のツーステップのほうが球を捕まえやすく、変化球が来たときに体が前に行くのを我慢できます。あと、ずっと前からですが、僕が打つときに声を出すのが気になる方もいるみたいですね。これは声を出しているというか、歯を食いしばって打つのが嫌いなので息を吐きながらスイングしているんです。決まったなにかを言っているわけではありません。最初は声がもっと小さかったんですけど、自分でも気がつかないうちにどんどん大きくなっていました。そうしないと、力の入れどころかがわからなくなるというか、しっくりこないんです。

前田智徳さんから学んだことも多々あります。すべてがお手本ですが、とくにバッティング。技術面でどうこう言われたことはなく、見て感じていましたが、心の持ち方、考え方の部分で教えていただきました。例えば「無駄死にするな」。自分のバッティングをきっちり体現したい人なのかなと思っていましたが、実際に前田さんと話すと、同じアウトでも無死二塁でレフトフライじゃなくて、右方向にゴロを打ってランナーを進める。三振は仕方がないが、三振以外のアウトで局面がなにも変わらないアウトにはならな。それは無駄死にだと。常にチームのために1打席を使う。それがチームの勝利につながるということ。5年目を迎える12年1月の自主トレ中、大野の室内練習場（広島県廿日市市《はつかいち》）で前田さんとたまたま一緒になったとき、僕を「全盛期の篠塚和典（旧登録名：利夫）さんみたい」とおっしゃったんですが、報道陣向けのサービスだったんでしょうね。前田さんは面白い人なので。ファンの方にはそういうイメージがないみたいですが、笑わせてもらうことも多いです。今も会うときは背筋がピンと伸びますが、しゃべるとすごく面白い。でも、14年のシーズン前に「三振の数だけはカウントしておくぞ」と言われました。13年も100を超えたので。「100円ショップでカウンターを買っておくから。おまえと菊池はチェックしておくぞ」って。「気をつけます」としか言えませんでした（笑）。

それが当たり前だった前田さんのように打率3割は目指したいですが、フルイニング試合に出続けられる選手もすごいと感じていて、まずはそこが目標です。僕はホームランをボコボコ打てるわけではなく、高い打率を残せるかも微妙。足もプロでは平均より少し速いくらい。肩も特別強くはない。打つこと、守ること、走ること、すべてが高いレベルでないと、フルイニング出場は続けられない。逆にそれができていたら、それなりの数字が残せているはず。なので、記録ということなら、そこをいちばん意識しています。

乱れる

13年は公式戦以外にも様々な試合を知ることができました。初のオールスターは楽しかった。テレビで見るものと思っていましたが、ベンチから見られたし、試合にも出られた。緊張で、誰と話したかあまり覚えていません。同い年の巨人・菅野智之《すがのともゆき》とは和気《わき》藹々《あいあい》と話が弾み、北海道日本ハムの中田翔とも話したかな。翔とは広島のトレーニングジムが一緒で、食事にも行く間柄。ライバルとかではなく、「すごいな〜」という感じです。

11月には日本代表として台湾に遠征し、国際試合にも出場できました。データの少ない中での勝負で、応援、雰囲気が違いました。移動や食事も日本とは異なりました。その中で力を出す難しさ。普段の試合とは多くの意味で違いました。

キクと（野村）祐輔も代表に入っていて、向こうでもずっと3人一緒でしたが、やっぱり同い年は特別な存在です。中でもキクは自分の持っていないものを持っています。

身体能力のことはお互いよく言われますが、僕は人工で、養殖もの。キクは天然もの。キクのほうがすごい。それに勝負勘、ヒラメキ。僕は不器用で、型にハメたことしかできない。でも、キクはいい意味で型にハマらず、ハツラツとやっている。そこは見習いたいです。

同期とも仲がいいです。僕は高卒で、大卒で入った小窪哲也さんとは4歳違いですが、心置きなくイジッています。「先輩やぞ！」と言ってきますが、「プロは年数やからな」って言い返します（笑）。でも、本当に寛容な方で、食事にもよく行くのですが、そういうときは野球のことや真面目な話をします。試合中は打席での動きやバッティングなどを見てもらっていますし、僕も気づいたことを話すようにしています。

外野手では赤松（真人）さん、（廣瀬）純さんは僕にとって大きな存在です。2人ともゴールデングラブ賞を獲得していますし、守備はとくにすごい。参考にさせてもらっている部分がたくさんあります。2人を見ていてポジショニングだったり、このケースはどこに返球するのがいちばん良かったのかとか、状況判断のことなど疑問が浮かんだら聞きに行ったりもします。純さんは面倒見も良くて、僕がカープに入団して初めて食事に連れていってくれた先輩でもあります。そのときまだ18歳だった僕には「怖いおじさん」という感じでした（笑）。でも、本当に純さんはチーム全体を見てくれています。

後輩では堂林（翔太）とよく食事に行きます。（上本）崇司も一軍にいるときは行ったりします。あと（鈴木）誠也は、千葉経済大学附属高校の野球部の同級生の父親が関わっているシニア出身という縁もあります。僕もまだ、年下を引っ張るなんて言える立場ではないですが、いいと思うことはしていきたい。もちろん、後輩だろうが、先輩だろうが、結果を出した選手が試合に出られる。それは当然ですが、ポジションを取り合っているという考えはない。それよりも仲間意識が強い。そういうつながりが大事だと思います。

そして、クライマックスシリーズも初出場でした。公式戦とは違う、短期決戦というのは難しいと思いましたし、ファーストステージで阪神に勝ちましたが、展開次第では正反対の結果だったかもしれません。そういう怖さも感じました。ただ、クライマックスシリーズに出て戦ったことによって、優勝への思いは強くなり、優勝が近づいたというか、見えるようになった。決して手の届かないものではないと思いました。

ファンの人たちもクライマックスシリーズに出られるAクラス入りが決定した時点でものすごく盛り上がってくれて、優勝したら、どうなるのかと胸が躍りました。想像もできないことになりそうですし、味わってみたい。どう乱れるのか。チームメイト、ファン、広島の人たちと優勝の瞬間を共有したい。そして、みんなで一緒に乱れたいです（笑）。

COLUMN

私が見た「キクマル」の素顔

YUSUKE NOMURA

野村祐輔 投手

「僕と気の合う同い年のキクと丸。でも、2人とも米と肉ばかり食べていないで、野菜も魚も食べられるようになれよ」

2人とは同い年で仲もいいですし、2013年は1年間一緒に一軍で戦って、いい形でお互いを意識しながらやれたんじゃないかなと思います。キクや丸が活躍すれば、俺もやらなきゃとすごく刺激を受けました。当然、それは14年に入ってからも変わっていません。ピッチャーと野手の違いはありますけど、いい関係だなと思います。

仲が良くなったのは2人ともカープに入ってからですね。キクとは大学時代に日本代表候補合宿で顔を合わせたりもしましたけど、ちゃんと話す機会はありませんでした。同期として入団して、1年目が終わったオフから一緒にいることが増えましたね。同じ寮住まいでしたし、シーズン中も話はしていましたけど、ピッチャーと野手だとあまり時間が合わないので食事にもなかなか行けなかったんです。

それがオフに入ってから行動をともにするようになって、多いときは週に4回くらいご飯を食べに行ったり、買い物に出かけたりするようになりました。たまにみんなでゴルフコースに出るときも、寮から同じ車で行きますしね。ちなみに一緒の組で回ったことはないのですが、スコア的にはキクより僕のほうがいいです（笑）。

自然とキクと一緒にいる機会が増えたのですが、なぜですかね。13年の12月とか、すごかったです。もういつも同じ場所にいた気がします。

食事に行ってもたわいもない話しかしませんし、野球の話もほとんどしません。悩み相談もないですね。キクは悩みとかなさそうですもん（笑）。彼の中では考えることもあるでしょうけど、明るい姿しか見たことがない。朝、会っても「ヘェ〜イ」みたいな。ハイテンションは1日中、変わらないですね。僕はボケーッとしているので人から「悩んでいるの？」と言われたりするタイプなんですけど、自分も実はあまり悩むほうではないんです。

でも、キクと似ているわけでもないと思います。あいつは人間離れしているので。性格というか、いろいろなことが（笑）。

カラオケとかも、めっちゃ面白い。すごく古い曲を歌うんです。僕も中学生時代の曲とかをよく歌うんですけど、キクは1980年代とか。いや、へたをしたら、もっと古い。吉幾三さんの『俺《お》ら東京さ行ぐだ』とか、普通に歌っています。あと、モノマネも結構できますね。郷ひろみさんとか、面白いですよ。

丸は僕が入団したときにはもう結婚していたので、プライベートでのつき合いは限られてしまうのですが、たまに食事に行っても焼肉とか、肉ばかり。キクもそうなんですけど、かなり偏食で、魚や野菜をほとんど食べない。13年のオフに日本代表の試合で台湾に行ったときもひどかった。あいつら偏食で、全然食べられなかったんです。味だけでなく、においも合わなかったらしくて、店に入った瞬間に2人同時にむせ返っていました（笑）。もう、肉と米。丸はとくにそうですね。

性格はあいつも見たままです。裏表がないですし、キクよりは多少テンションの波があって、たまに普段よりもちょっと元気がないかなと気づくときもありますが、まぁ、疲れているだけじゃないですか（笑）。基本、元気なんで、心配いりません。

それと、丸は僕が投げる試合では、本当によく打ってくれるんですよね。13年はとくにすごかった。一緒にお立ち台に立つこともありましたし、相性がいいんです。14年の初登板の4月1日も、先頭バッターでホームランを打って勝たせてくれました。とくにお礼はしていないですけど（笑）。

本当に気の合う同い年のチームメイトですから、これからも3人でカープを引っ張っていけるよう、頑張っていけたらいいなと思っています。

あとがき

丸　２０１４年シーズンもここまでいろいろなことがあったけど、やっぱり13年シーズンの経験だったり、反省だったりを生かしてやれているよね。

菊池　そこは大きい。

丸　キクはいい意味での直感的で破天荒な部分にプラスして、より考えた野球というのがたくさんできているんじゃない？　成熟度が増した「大人のプレー」が増えたと思う。

菊池　とにかく本当に勝ちたいから、少しずつでも常にレベルアップしていかないといけないと思ってやっている。ファンの方には前向きで、明るい菊池涼介を見てもらって盛り上がってもらえたらうれしいけど、楽しくはやっているけれども必死に勝ちにいっている。やっぱりファンのみなさんと勝利を分かち合いたい。そのために、日々精進！

丸　「まえがき」でも言ったけど、やっぱり継続してやることがいちばん重要かなと俺はすごく思っている。無理に１日１０００スイングだとか、そこまでやらなくていいと思うし、例えば１週間で３５０スイングするにしても、１日に３５０スイングして残りの６日を休むのではなくて、１日50スイングを毎日続けるほうが大事。そういうことを徹底できた人が最後には笑って、いい結果が出せると思う。

菊池　いいこと言うな〜（笑）。

丸　野球をやっている子どもたちにはすべてのことを一生懸命やってもらいたい。野球も当然そうやってもらいたいし、学校の勉強も全力でやってもらいたい。友だちと遊ぶにしてもそう。「野球があるから勉強はサボっちゃえ」というのは良くない。いい自分もいれば、悪い自分、弱い自分もいる。その悪い自分に負けないためには野球以外のときも一生懸命やってほしい。そうしていくことで心が磨かれていくと思う。

菊池　それは子どもだけじゃなく大人でもそうだし、野球に限らず、どんなことでも頑張ろうと思っている人に当てはまるよね。

丸　「まえがき」で保留していたキクからのメッセージもいこう！

菊池　野球少年たちには、ほかの人にはない自分の特長、武器を見つけて、それを伸ばしていくことの大切さを伝えたい。そのなにかがあれば、俺みたいに体が小さくてもプロ野球選手になることだってできる。小さいころから「身長が175センチはないとプロは無理だぞ」と言われてきて、自分でも大きくないとなれないんだろうなと思っていたんだけど、なにか目に留まるものがあれば夢を叶《かな》えるチャンスは生まれる。それは知ってもらいたいというか、自分の経験から言えることだね。

丸　確かにそういう武器があれば、道を拓《ひら》きやすくなるよね。

菊池　俺の場合も人と違うプレーをしていて、それを松本（奉文）スカウトが見つけてくれた。走塁でスライディングをしたんだけど、アウトのタイミングだったから足を引いて、相手がタッチしたと勘違いしてグラブを上げたらもう1回足を伸ばしてベースにつけてセーフになったりとか。俺の中では普通にやっていただけなんだけど、違ったみたい（笑）。

丸　だいぶ違うわ。

菊池　プロでもみなさんが予想もしないプレーをするかもしれないので、乞うご期待！

丸　すでにちょいちょいやっているけど、まだあるんか。

菊池　まだまだあるよ～（笑）。

丸　それはもう、選手としてよりも、いちファンとして楽しみだよ。

菊池　みんなで決めたことはきちんと守るべきだけど、それでおとなしくなってはつまらない。人と違うことはやってはいけないとか、そういうふうに考える必要はないと思う。もちろんやってはいけないことをしろと言っているわけじゃなくてね（笑）。

丸　それも野球に限ったことではないね。

菊池　うん。なにか1つ見つけて、どんどん個性を前面に出して生きていっていいと思う。もみあげを伸ばして個性を作ってもいい！

丸　日本中、もみあげだらけになったらヤバくない？（笑）

菊池　それからあきらめなければ誰にでもチャンスがあるということ。俺も大学の一時期はプロに行くことが頭から遠のいたけど、目標を持って努力することは忘れてはいけない。優勝だってそう。カープは1991年から優勝していないけど、確実に近づいている。

丸　そうだな。優勝は絶対にしたい。

菊池　あとは、丸、菊池個々のプレーだけでなく、コンビとしての活躍からも目を離さないでください!!

丸　まとまった！　今の良かったよ（笑）。

菊池　キマったね（笑）。

2人　全力の「キクマル魂《だましい》」で野球界を盛り上げますので、みなさん、これからも応援よろしくお願いします!!

2014年8月

丸佳浩　菊池涼介

M A R U

YOSHIHIRO MARU

K I K U

RYOSUKE KIKUCHI

菊池涼介

	打点	盗塁	盗塁死	犠打	犠飛	四球	死球	三振	併殺打	打率	出塁率	長打率
	12	4	2	25	1	6	1	42	5	.229	.254	.294
	57	16	7	**50**	5	38	2	121	4	.247	.297	.374
	69	20	9	75	6	44	3	163	9	.242	.285	.352

〈表彰〉

・ゴールデングラブ賞： 1回（二塁手部門／2013年）
・月間MVP： 1回（2014年6月）

〈個人記録〉

・初出場　2012年6月30日、対横浜8回戦（MAZDA Zoom-Zoomスタジアム広島）、5回裏に代打で出場
・初打席　同上、5回裏に藤井秀悟からセカンドフライ
・初先発出場　2012年7月1日、対横浜9回戦（MAZDA Zoom-Zoomスタジアム広島）、7番・セカンドとして先発出場
・初安打　同上、5回裏に山本省吾からライト越え三塁打
・初打点　2012年7月3日、対阪神9回戦（坊っちゃんスタジアム）、9回表に榎田大樹からレフト前タイムリー
・初盗塁　同上、9回表に二盗（投手・榎田大樹、捕手・小宮山慎二）
・初本塁打　2012年8月21日、対横浜15回戦（MAZDA Zoom-Zoomスタジアム広島）、1回裏に三浦大輔からレフト越えソロ
・シーズン補殺日本プロ野球記録　528（2013年）
・シーズン犠打球団記録　50（2013年）
・オールスターゲーム出場　1回（2014年）

#33
RYOSUKE KIKUCHI

Results 年度別成績ほか

◉年度別打撃成績（一軍） ※太字はリーグ最高

年度	チーム	試合	打席	打数	得点	安打	二塁打	三塁打	本塁打	塁打
2012	広島	63	234	201	21	46	5	1	2	59
2013	広島	141	633	538	69	133	27	4	11	201
通算		204	867	739	90	179	32	5	13	260

◉年度別守備成績（一軍） ※太字はリーグ最高、★は日本プロ野球記録

二塁

年度	試合	刺殺	補殺	失策	併殺	守備率
2012	56	118	176	9	28	.970
2013	**141**	**351**	**528★**	**18**	**115**	.980
通算	197	469	704	27	143	.978

三塁

年度	試合	刺殺	補殺	失策	併殺	守備率
2012	1	0	0	0	0	.000
2013	–	–	–	–	–	–
通算	1	0	0	0	0	.000

遊撃

年度	試合	刺殺	補殺	失策	併殺	守備率
2012	9	9	13	0	4	1.000
2013	11	13	16	1	3	.967
通算	20	22	29	1	7	.981

丸 佳浩

打点	盗塁	盗塁死	犠打	犠飛	四球	死球	三振	併殺打	打率	出塁率	長打率
1	1	0	0	1	2	0	7	0	.158	.227	.158
50	9	6	9	1	44(1)	6	105	2	.241	.319	.359
22	14	6	5	3	46	2	59	4	.247	.353	.353
58	**29**	**15**	5	4	85(5)	1	103	6	.273	.376	.425
131	53	27	19	9	177(6)	9	274	12	.254	.349	.382

〈タイトル〉

・盗塁王　1回(2013年)

〈表彰〉

・JA全農Go・Go賞「最多盗塁賞」: 1回(2012年3、4月)

・スカパー！ドラマティック・サヨナラ賞月間大賞: 1回(2013年7月)

・ゴールデングラブ賞: 1回(外野手部門／2013年)

〈個人記録〉

・初出場　2010年9月12日、対巨人23回戦(東京ドーム)、9回表に代打で出場

・初打席　同上、9回表にマーク・クルーンからセカンドゴロ

・初安打　2010年9月21日、対東京ヤクルト19回戦(MAZDA Zoom-Zoomスタジアム広島)、7回裏に代打で出場。押本健彦からレフト前ヒット

・初打点　同上、8回裏に渡辺恒樹《こうき》からレフト犠牲フライ

・初盗塁　2010年9月29日、対横浜24回戦(MAZDA Zoom-Zoomスタジアム広島)、5回裏に三盗(投手・弥太郎、捕手・武山真吾)

・初先発出場　2010年10月2日対阪神23回戦(MAZDA Zoom-Zoomスタジアム広島)、6番・センターとして先発出場

・初本塁打　2011年4月19日、対横浜1回戦(横浜スタジアム)、4回表に大家《おおか》友和からライト越え3ラン

・オールスターゲーム出場　2回(2013年、2014年)

Results 年度別成績ほか

◉年度別打撃成績（一軍） ※太字はリーグ最高、カッコ内は故意四球（敬遠）

年度	チーム	試合	打席	打数	得点	安打	二塁打	三塁打	本塁打	塁打
2010	広島	14	22	19	1	3	0	0	0	3
2011	広島	131	495	435	48	105	16	4	9	156
2012	広島	106	339	283	26	70	10	4	4	100
2013	広島	140	601	506	82	138	25	**5**	14	215
通算		391	1457	1243	157	316	51	13	27	474

◉年度別守備成績（一軍）

外野

年度	試合	刺殺	補殺	失策	併殺	守備率
2010	9	11	0	0	0	1.000
2011	126	252	5	2	2	.992
2012	95	142	5	4	0	.974
2013	136	256	1	2	1	.992
通算	366	661	11	8	3	.988

#9

YOSHIHIRO MARU

菊池涼介 丸 佳浩 メッセージBOOK コンビスペシャル

—キクマル魂《だましい》—

RYOSUKE KIKUCHI YOSHIHIRO MARU MESSAGE BOOK

2014年 9 月15日　第1版第1刷
2014年10月 5 日　第1版第2刷

著者……………………菊池涼介　丸 佳浩

協力……………………株式会社 広島東洋カープ
企画・プロデュース ……寺崎敦(株式会社 no.1)
構成……………………鷲崎文彦
撮影……………………石川耕三
ブックデザイン …………坂野公一(welle design)
DTP ……………………株式会社 三協美術
写真協力………………産経新聞社(P78)
編集協力………………長岡伸治(株式会社プリンシパル)
根本明　松本恵
編集……………………岩崎隆宏(廣済堂出版)

発行者…………………清田順稔
発行所…………………株式会社 廣済堂出版
〒104-0061 東京都中央区銀座3-7-6
電話　編集 03-6703-0964／販売 03-6703-0962
FAX　販売 03-6703-0963
振替　00180-0-164137
URL　http://www.kosaido-pub.co.jp
印刷所・製本所…………株式会社 廣済堂

ISBN978-4-331-51866-3 C0075